Kamtschatka

Helga Merkelbach

Kamtschatka

Abenteuer eingeplant

Bibliografische Information der Deutschen Nationalbibliothek:
Die Deutsche Nationalbibliothek verzeichnet diese Publikation in der Deutschen Nationalbibliografie; detaillierte bibliografische Daten sind im Internet über http://dnb.dnb.de abrufbar.

© 2012 Helga Merkelbach
Fotos, Illustration: Richard Seidl

Herstellung und Verlag: BoD – Books on Demand, Norderstedt

ISBN: 978-3-8482-2748-8

Ein Glück!

Noch einmal bekomme ich Glück in meine Hände gespielt: Glücksklee mit vier Blättern habe ich gefunden, wie schon am ersten Tag in Petropawlowsk so jetzt wieder an einer Tankstelle auf der "A1" Kamtschatkas, irgendwo jenseits des asphaltierten Teils, auf der fest gefahrenen Schotter-Trasse von Süd nach Nord. Ich nehme den Glücksklee als gutes Omen für die Abenteuer- und Erlebnisreise, die ich gebucht habe.

Irgendwann bekam ich als kleines Mädchen von Papa ein paar leicht vergilbte und grau wirkende gepresste Glückskleeblätter. Papa hatte sie 1945 nach Kriegsende gefunden. Er war in Tschechien von den Sowjets gefangen genommen worden und an die Oder, nach Frankfurt, Küstrin verbracht worden. Dort gab es einen längeren Aufenthalt, hauptsächlich auf einer Wiese mit vielen anderen Soldaten, der Dinge harrend, die da kommen sollten, nämlich Kriegsgefangenschaft.
Natur war für Papa nie langweilig, und wenn keine großartigen Naturbetrachtungen möglich waren, dann schaute er sich eben die Winzigkeiten an. Und so fand er eine größere Zahl von vierblättrigen Kleeblättern, die er sorgfältig in seinem Soldbuch presste.

Er nahm sie als gutes Omen für die ungewisse Zeit, die ihm "blühte". Die Kleeblätter überstanden – wie auch er selber – zwei Jahre Kriegsgefangenschaft in Russland, Wind und Wetter, gesundheitliche Gefahren, Entlausungen und lange beschwerliche Transporte.

Er schenkte sie mir, als ich zur "höheren" Schule kam – und ich nahm sie damals als Glücksbringer, dass ich das Abitur schaffen würde.

An Tankstellen ist gut für unsere Sicherheit gesorgt. Unser zum Bus umgebauter Militär-LKW wird betankt; es ist ein Ural der handfesten stabilen alten Marke. Eine Tankstelle darf auf keinen Fall Feuer fangen. Menschenleben müssen vor solcher möglichen Gefahr in Sicherheit gebracht werden. Deshalb ist es an russischen Tankstellen Pflicht, dass alle Passagiere aus den Fahrzeugen aussteigen und sich so weit es geht vom Fahrzeug entfernen. Wir spazieren von der Zapfsäule weg, derweil finde ich meine vierblättrigen Kleeblätter – während der Fahrer tankt und sich eine Zigarette gönnt; nicht nur er raucht, ich habe auch Tankstellenbesitzer und andere Autofahrer dabei beobachtet.

Anti-Brumm

Rauchen! Als passionierte Nicht-Raucherin kann ich mich freuen, dass niemand in unserer Reisegruppe raucht, aber an dieser Tankstelle beginne ich das zugleich zu bedauern. Es ist warm, wir sind in der freien Natur und schon kommen die ersten Quälgeister, die Mücken. Wir holen unsere Mückenschutzmittel heraus, die verschiedenen Anti-Brumm-Sorten; wir setzen Kopfbedeckungen auf, ziehen langärmelige Kleidung über und freuen uns, dass der Stopp an der Tankstelle begrenzt ist. Ich wedele mit Händen und Armen, um die Mücken zu vertreiben. Die von den Mücken am meisten geliebt werden, steigen mit ihren ersten Stichen ein.

Papa begann in der Kriegsgefangenschaft zu rauchen, nicht als Mückenschutz, sondern wegen Hunger. Als Kind und erst recht in der Pubertät kritisierte ich seine Sucht. In unserem Haus, im Auto waren die Fenster vergilbt, weil er ein so starker Raucher war. Als 15-jährige habe ich demonstrativ mit den Armen gewedelt, um meinem Vater zu zeigen, wie sehr mich seine Rauchgewohnheiten stören. Ich habe ihn aufgefordert sich mit innerer Stärke gegen seine Sucht zu wehren. – Er tat das alles mit nur wenigen Worten barsch ab: "Davon hast du keine Ahnung. Wir haben in Gefangenschaft die Blätter von den Bäumen geraucht um den Hunger im Bauch nicht zu spüren.
Misch dich nicht ein. Ich habe es geschafft zu überleben."

Die ersten Mücken an dieser Tankstelle sind nichts im Vergleich zur Landung am Flussufer nach unserer Rafting-Tour. Wir haben die Boote an Land gezogen und noch viele Stunden Zeit, bis unser Bus uns abholen wird. Wir bauen unsere Zelte auf, damit sie von der vorigen stürmisch-nassen Nacht trocknen können. Selbst während dieser Aktivitäten umsurren uns Mücken und Gnatzen in großer Schar. Es ist schmuddelig-feucht-warm, aber wir ziehen unsere langärmeligen Jacken über, setzen die Kapuzen auf und schwitzen unterdessen, was weitere Körperflüssigkeit aus uns heraus treten lässt, die noch mehr der kleinen Tierchen anlockt. Das Kopf-Mückengitter-Teil wird unter dem Hut angebracht. An allen freien Stellen wird Mückenspray gesprüht, eine Art menschliche Markierung; es ist ein hilfloser Versuch des Menschen, dem Kleinvieh anzudeuten: "Hier ist mein Revier, bleib fern." Sie halten sich nicht daran, sie werden übergriffig.

Ich wandere mit meinem japanischen Fächer wedelnd auf und ab und hin und her, um das beste natürliche Abwehrmittel wirken zu lassen: Wind, Luftbewegung. Ich weiß wie lächerlich ich dabei wirke: Meine japanische Freundin hat mir einen schön gemusterten Holz-Papier-Fächer geschenkt, ein erlesenes typisches Exemplar, mit dem japanische Frauen sich lustwandelnd Wind zufächeln. Obschon es für mich die einzige wirklich wirksame Mückenabwehr ist, wirke ich exotisch, elitär und mache eine komische Figur hier in der sibirischen Wildnis. Ich komme mir albern vor, mache aber dennoch weiter, weil sich so tatsächlich nicht so viele Mücken auf mir absetzen.

Andere kapitulieren, legen sich einfach auf den Boden, geben der Müdigkeit nach, schlafen und lassen sich pieksen. Sie wachen mit verquollenen Gesichtern auf. Die kleinen Biester haben sich die Nischen gesucht, wo Tränenflüssigkeit am Auge etwas Salz frei gesetzt hat. Die Stiche sind rund ums Auge und wecken den Eindruck, dass Mensch ein Preisboxen hinter sich gebracht hat und dabei die Augen heftig getroffen wurden.

Ich habe in den Berichten von Kriegsgefangenen überhaupt keine Klagen über Mücken, Bremsen oder Gnatzen gelesen. Dabei sind die klimatischen Bedingungen während der Arbeit im Freien ideale Voraussetzungen für Massen dieser Tierchen. Wanzen, Läuse, Ratten werden erwähnt – was mich im Urlaub quält, ist offensichtlich nicht erwähnenswert bei den Qualen einer Kriegsgefangenschaft.

11 Zeitzonen weit weg

Wir sind am zweiten Tag nach unserer Ankunft in Petropawlowsk "in die Wildnis" aufgebrochen. Ca. 600 km Fahrt gen Norden stehen uns bevor; unser Fahrzeug kann nicht schneller als 50 km/h fahren.

Als wir am Tag zuvor nach langem Flug bis Moskau, Zwischenstopp und Besichtigung der Hauptstadt und nochmals längerem Flug in Petropawlowsk landeten, kam ich mir schon sehr "am Ende der Welt" vor. Aus dem Flugzeug waren viele Bäume und viele Natur-Flächen zu sehen, kaum eine Straße oder ein Weg.

Ich befinde mich 11 Zeitzonen von Deutschland entfernt, auf der Halbinsel Kamtschatka, im nordöstlichen Sibirien. In Zeitzonen gesehen trennt mich nur ein kurzer Weg über den Pazifik von Amerika, von Alaska.
Südlich liegen die Kurilen-Inseln, immer noch Streitobjekt zwischen Japan und Russland. Wie Perlen auf einem Faden kullern die Kurilen von der Südspitze Kamtschatkas nach Hokkaido, der japanischen Insel, die geografisch Kamtschatka sehr ähnlich ist mit ihren vulkanisch aktiven Bergen.

Vom Flugzeug liefen alle Passagiere direkt über das Flugfeld zu einem Tor auf den Auto-Parkplatz, keine Passkontrolle (es war ein Inlandsflug gewesen), kein Gang durch ein Flughafengebäude. Vor dem Tor stand eine Masse von Menschen, die freudig ihre Lieben begrüßten, mit Blumen, Umarmungen, Strahlen und großer Freude. Wir wurden sogleich von Mischa erkannt, unserem russischen Reiseleiter, der uns auf einen Eingang zu einer Halle am Flughafengebäude verwies. Diese Tür wurde bald aufgeschlossen, alle Passagiere gingen hinein und erwarteten dort am Förderband ihr Gepäck. Wie unprofessionell, wie unsicher, dachte ich zunächst – da konnte doch ein jeder Mensch aus Petropawlowsk hinein gehen und sich ein beliebiges Gepäckstück aneignen und damit verschwinden. Ich beobachtete die auf das Förderband quellenden Gepäckstücke ganz genau, um meinen Rucksack nicht mehr aus den Augen zu lassen, bis er in meinen Händen war. Doch bevor ich wieder nach draußen treten konnte, wurde ich gestoppt. Was ich auf keinem großen Flughafen der Welt erlebt hatte, passierte hier: Die Gepäcknummer auf dem Coupon und auf dem Gepäck wurden verglichen, mein Coupon zerrissen. Das Gepäck war identifiziert und dem tatsächlichen Besitzer zugeordnet.

Inzwischen war auch Uli eingetroffen, unser deutscher Reiseleiter, der sich seit 1991 immer wieder in Kamtschatka aufgehalten hat, der seiner Liebe zu diesem Stückchen Erde und Mensch, Tier und Pflanze dort Ausdruck in einem Buch gegeben hat. Er zeigt in Richtung Parkplatz, wo "unser" Auto steht, das in den nächsten drei Wochen unser Wohnzimmer werden wird.

Unser fahrbares Wohnzimmer...

Der LKW wirkt wuchtig, die dicken Reifen lassen erahnen, was für Gelände wir erfahren werden. Der Bus-Aufsatz hat eine warngelbe Farbe. Eine kleine stählerne Leiter (die bei jedem Ein- und Ausstieg von jemandem außerhalb des Busses heraus gezogen werden muss) mit wenigen Sprossen führt hinauf "auf das hohe Ross". Als ich zum ersten Mal hinauf steige, mit meinem 18 kg schweren Rucksack auf dem Rücken, bin ich froh, dass rechts und links am Eingang Griffe sind, an denen ich mich hoch ziehen kann. Ich freue mich so hoch über dem Boden zu sitzen, da auf diese Weise auf Fahrt mehr Landschaft zu überblicken ist.

Uli rät uns gleich zu Beginn, keine festen Plätze im Bus zu reservieren, sondern von Mal zu Mal zu wechseln. Ein guter Rat, da die Plätze unterschiedliche Qualitäten haben. Auf der kurzen Strecke vom Flughafen nur bis in den Ort Elizovo hinein lerne ich schon den Unterschied zwischen den mit Kunstleder und den mit Stoff bezogenen Sitzen kennen. Kunstleder ist härter und kühl. Der Stoff ist wärmer, aber klamm-feucht; er wird nie ganz trocken werden. Auf dem vorderen Sitz gibt es Zugwind von dem einzigen auf zu schiebenden Fenster. Auf den hinteren Sitzen weht ein nur laues Lüftchen von der Klappe, die oben an der Decke zu öffnen ist. Die erste Reihe fährt rückwärts; wer sich gern überraschen lässt, was da so kommt oder wer auf Fahrt lieber schläft, ist dort gut bedient. Der mittlere vordere Sitz in Fahrtrichtung ist zwar nur ein stoffbezogenes, schiefes, herunter klappbares Provisorium, aber ideal um rechts und links aus dem Fenster zu blicken und außerdem durch das Fenster gerade aus in Fahrtrichtung über das Führerhaus hinaus auf die Straße zu sehen, was auf uns zu kommt. Das wird mein Lieblingsplatz. Es sei denn, ich lege Wert auf mehr sinnliche Erfahrung als nur Augen-Blicke. Dann gehe ich gern auf einen hinteren Platz, eine Zweierbank. Wenn ich sie mit einem Mann teile, überlasse ich ihm den Gang-Platz, zumal ich bei den "Bodenunebenheiten" nicht mit so viel Gewicht wie ein Mann gegen halten kann und leicht einmal hoch und neben den Sitz geschleudert werde. Ein Mann hat dafür die Möglichkeit seine langen Beinen in den Mittelgang auszustrecken und bei eben diesen Unebenheiten auch fest auf den Boden zu stemmen und nicht durch die Gegend zu fliegen wie ich. Derweil klemme ich meine Knie gegen den Vordersitz und halte mich mit der rechten Hand an der Rückenlehne nach vorne hin fest, mit der linken greife ich an die Planke die an der Fensterfront entlang angebracht ist. Fest- halten an dieser Planke sichert mich gegen blaue Flecken am Oberarm ab, die sonst bei diesen Unebenheiten mit hoher Wahrscheinlichkeit kämen. – Auf der letzten Fahrt aus der Wildnis zurück nach Petropawlowsk wähle ich bewusst und schon nostalgisch noch einmal diesen Platz, ein letztes Mal mit allen Sinnen die raue Natur Kamtschatkas beim Fahren spüren, auch und vor allem am Allerwertesten.

Was mir Abenteuer und Lust ist, war für deutsche Kriegsgefangene des 2. Weltkriegs wie H.J. Otte der Anfang von Ungewissheit, wie die Fahrt enden würde, was an Qual kommen würde.

"Ein großer Güterwagen nahm uns auf. Kaum waren die Schiebetüren geschlossen und gesichert, setzte sich der Zug in Bewegung. Nur durch die Ritzen und ein vergittertes Fenster fiel etwas Licht in den Wagen. Wohin es gehen sollte, wussten wir nicht, sicher aber in Richtung Osten und weg von der Front. Jeder legte sich auf die blanken Bretter des Wagens und döste vor sich hin. Nach Unterhaltung war uns nicht zumute. Es ging weiter nach Osten, wie sollten wir da fröhlich sein?" (1)

"Eine Ortsveränderung in der Gefangenschaft führt zumeist nicht zu Verbesserung. Wer weiß, ob wir es da so gut haben wie hier, dachten wir ...

Auf einem Nebenbahnhof wartete schon ein Zug mit etwa zehn Güterwagen. Noch einmal einen Blick auf den freien Himmel und auf die Menschen, die sich neugierig auf dem Bahnhof drängten, noch ein letztes gedankliches Lebewohl an Susdal, ehe sich die Türen der Wagen schlossen und wir einige Tage eingesperrt waren. Was wohl die Zukunft bringen würde?

Aus einem alten dunkelblauen Kopfkissenbezug hatte ich mir in Susdal einen Beutel gemacht. An einem Strick, genäht aus einem abgerissenen Stück von einem Bettlaken, konnte ich ihn über die Schulter hängen. In trauter Eintracht befanden sich in diesem Beutel, den ich bis zum Ende der Gefangenschaft benutzt habe und der heute vor mir liegt: mein Tagebuch, die kleine Gedicht-Sammlung, die Marschverpflegung und eine Portion Machorka, dazu einige Fetzen Zeitungspapier, um mit dem Machorka eine Zigarette drehen zu können.

...

Der Wagen war mit zwei Pritschen bestückt, die links und rechts etwa einen Meter über dem Boden, aus dicken Bohlen gebildet, von Wand zu Wand reichten. Wer unten lag, konnte sich nicht aufrichten, und wer ganz hinten in der Ecke schlief, der lag auch am Tage in völliger Finsternis. Alle dösten vor sich hin, kaum einer sagte ein Wort, jeder hatte mit sich selber zu tun.

Die zwei mit einem Gitter versperrten Fensterluken ließen wenig Licht herein. In der Mitte des Wagens war ein freier Raum. Dort befand sich, wer als letzter hinein gestopft war. Dazu gehörte auch ich. Mit den Füßen stieß ich an die "Toilette", eine aus Holz gezimmerte Rinne, die einen Auslass nach draußen hatte und in die nun 45 Mann ihre Notdurft, flüssige und feste, verrichten mussten. Ein bestialischer Geruch zog durch den Wagen, wenn einer, halb hockend und sich mühsam fest haltend, sein Geschäft ab ließ. Der Gestank wurde nur abgemildert durch die stärker werdende Kälte, die an den Wänden die Ausdünstungen gefrieren ließ und diese mit einer weißlichen Schicht überzog. Ich fror jämmerlich in meinem dünnen Zeug.

...

In der Mitte des Wagens stand ein Eisenofen. Außer dass wir uns an seinem Anblick ergötzen konnten, nützte er uns nicht, denn irgendwelches Brennmaterial war nicht vorhanden. Es durfte weiter gefroren werden. Zweimal am Tag wurde ein Eimer mit Tee herein gereicht, wenn der Zug gerade mal hielt; das war das einzige, was unsere Körper ein wenig aufwärmte." (2)

... mit Verpflegung und Badbenutzung

Wir sind kaum 10 Minuten vom Flughafen weggefahren, als Uli uns eine Flasche Mineralwasser hin hält "Möchte einer was trinken?" Wir sind durstig – und von vorn herein ist keiner zimperlich. Wir trinken alle aus einer Flasche, nacheinander, ohne den Flaschenmund auch nur abzuwischen.

Als wir die große Fahrt gen Norden starten, liegt vorne im Bus ein Packen Mineralwasser, das wir schätzen lernen. Das einheimische Wasser ist leicht salzig und genügt so auch unserem verstärkten Mineralbedarf.

Es kommt noch besser. Nach etwa einer Stunde lässt Uli eine Tüte mit Keksen im Bus herum reichen. Mal ist es zartes Spritzgebäck, mal Butterkeksen ähnlich, mal schokoladig-süß, mal gewürzt wie ein Weihnachtsplätzchen, mal sind es über-süße Waffeln. – Wir lassen uns den stundenlangen holprigen Weg durch Landschaft ohne Ende wahrlich versüßen, während ein Kriegsgefangener froh war, überhaupt etwas zu essen und zu trinken zu bekommen.

"Wir wurden auf LKWs verladen und fuhren noch zwei andere Hütten ab, in denen sich ebenfalls Gefangene befanden. Der LKW brachte uns in die Zitadelle von Bobruisk und damit ausgerechnet an den Ort, den wir wenige Tage zuvor verlassen hatten. Wir wurden in den Katakomben eingeschlossen. Die Verpflegung bestand aus jeweils zwei Pellkartoffeln, die abends und morgens erhielten. Jeden Tag wurden wir in Trupps von vielleicht fünfzig Mann an die Beresina geführt. Wir konnten dort trinken und uns waschen, in der Zitadelle selbst gab es kein Wasser. Am Ufer war es schlammig, und wir standen immer wie Rindvieh bis an die Knie im Wasser und schlürften das fließende Wasser von der Oberfläche weg. Jeder trank, so viel er konnte, denn es musste für einen halben Tag reichen." (3)

Wie sind die Toilettengänge gedacht? Ganz einfach! An der vorderen Wand gibt es einen Knopf. Wenn Uli den drückt, hält Mischa an, fast mit Vollbremsung; er weiß ja vorn, abgetrennt im Führerhaus sitzend nicht, ob jemand Klogang wünscht oder ob vielleicht ein Bär gesichtet wurde, der so urplötzlich fotografiert werden müsste. Sein Beifahrer Sascha steigt aus, fährt die kleine Leiter aus und wir können aussteigen.
Mischa und Sascha steigen immer auch aus, wenigstens um eine Zigarette zu rauchen, fast jedes Mal aber auch, um einmal die Motorhaube zu öffnen. Irgendetwas gibt es immer zu überprüfen.

Wir halten am Straßenrand, später am Wegesrand oder eben irgendwo im weglosen Gelände, suchen uns unser Plätzchen, hinter Bäumen, unter Sträuchern, in meterhohem Gras, hinter einem Felsbrocken. Wir sind nicht wählerisch, meist geht es um möglichst schnelle Erledigung, weil die Mücken mindestens ebenso schnell sind wie wir Toilettengänger: Sie riechen die nicht mit Mückenspray besprühte, anfangs noch stichfreie Haut am nun entblößten Körperteil und wollen die Zeit zu einer Blut-Mahlzeit nutzen, die wir ihnen nicht gönnen. Während mir jederzeit der Gang zur Toilette möglich ist, wurde Kriegsgefangenen oft eine menschenwürdige Erledigung verweigert oder erschwert.

"Wir staunten nicht schlecht, als wir in Personenwagen einsteigen konnten. Doch unsere Freude legte sich bald, denn die einzelnen Abteile, die von dem langen Gang abgingen, waren mit Gittern versperrt. Im Abteil befand sich in halber Höhe jeweils eine Pritsche. Wer unten saß, musste den Kopf einziehen, während die Oberen nicht sitzen konnten, sondern wie Ölsardinen in der Büchse zusammen gepfercht lagen. Gegessen hatten wir an diesem Tage noch nichts. Niemand wusste, wohin die Reise gehen sollte, der quälende Hunger verschlechterte die Stimmung zusätzlich.

Langsam rollte der Zug durch die Landschaft nach Norden. Vielleicht nach Moskau? Vor dem Gitter stand ein Soldat mit schussbereiter Maschinenpistole in der Hand. Das Austreten wurde kategorisch verweigert. "Njet!" hieß es ganz einfach. Mochte der Gefangene doch sehen, wo er mit seinem Urin blieb.

Das Verbot, die primitivsten Bedürfnisse erledigen zu dürfen, begann sich bei einigen im Laufe des Tages zu einem Problem zu entwickeln. Einer konnte es schließlich nicht mehr aushalten, ließ seine Hose runter und ließ sein Wasser in den Gang plätschern, dem Russen fast vor die Füße. Das Geschrei des Soldaten und seine mörderischen Flüche wollten kein Ende nehmen. Damals waren mir die russischen Schimpfkanonaden noch unbekannt. Er zeterte mit allem, was ihm in seiner Sprache zur Verfügung stand. Es fehlte nicht viel, und er hätte ins Abteil geschossen, aber der herbei elende Begleitoffizier erteilte ihm offenbar eine Rüge. Endlich durften wir auf die Toilette, die sich in einem typischen russischen "Sonderstatus" befand." (4)

Wer weiß wohin

Am ersten Tag sitze ich auf dem Platz, von dem aus ich am meisten sehen kann, vorn, mitten. Ich blicke über das Führerhaus hinaus auf die Piste, diese endlos laufende Trasse, die sich nur im Horizont verliert oder im Bergauf oder Bergab eine Grenze findet. Es hat wohl lange nicht geregnet, die Büsche am Straßenrand sind schmutzig verstaubt. Das Grün ist mit Grau bedeckt. Jedes entgegen kommende Fahrzeug wirbelt weiteren Staub und Dreck auf, der durch das aufgeschobene Seitenfenster zur Straßenmitte hin in den Bus eindringt. Wir sind sauber, frisch geduscht (auch wenn im Hotel morgens kein heißes Wasser war und wir mit eiskalter Dusche vorlieb nehmen mussten). Es kommen uns nicht viele Fahrzeuge entgegen, je weiter wir uns von Petropawlowsk entfernen, desto weniger werden es. Die PKWs verursachen kaum Staub, die großen LKW'S allerdings wahre Staublawinen. Ich übernehme es, unsere Gruppe vor dem Gröbsten zu schützen. Ich künde heran- nahende Großfahrzeuge an, woraufhin mein Gegenüber das Fenster zuschiebt und, wenn sich der Staub gelegt hat, wieder öffnet. – Am Ende der Reise, rückblickend, lache ich über diese sorgfältige Mühe: Diese Menge am Körper entlang fließenden Wassers im Hotel war Luxus und das bisschen Staub durch ein Seitenfenster sind nichts im Vergleich zu dem, was wir später einerseits an spärlicher Waschgelegenheit und andererseits an Verschmutzung erleben sollten. Unsere Umstände sind allemal vorteilhafter als der Weg in Gefangenschaft.

"... Wir befanden uns in Moskau. Aber wohin jetzt?
Das Rätsel wurde bald gelöst. Der Weg führte zu einem anderen Bahnhof, wo ein Güterzug wartete, Holzpritschen darin und sogar etwas Stroh. Jeweils vierzig Mann mussten in einen Wagen. Die ganze Nacht über rumpelte der Zug nach Osten. Aber wohin? In Gedanken suchten wir den Atlas ab, doch unsere Kenntnisse der Gegend östlich von Moskau waren mehr als kümmerlich." (5)

Im Bus klebt an der Vorderwand eine große Karte von Kamtschatka. Ich freue mich darauf, zur Orientierung auf der Fahrt ständig nachschauen zu können, wo wir uns gerade befinden. – Das haben offensichtlich auch schon andere Reisende vor mir getan: Die Strecke zwischen Petropawlowsk und dem Vulkan Tolbachik hängt in einem großen ovalen Lappen herunter. Andere Regionen, die wir besuchen wollen, sind weißgrau gefärbt, Ortsnamen verblasst und unleserlich, weil schon zu viele vor uns mit Fingern gezeigt haben, wo sie sich gerade befanden.

Dennoch weiß ich recht genau, wo ich lang fahre und erst recht wohin ich fahre, denn ich habe, anders als Papa, anders als jeder Kriegsgefangene, selbst gewählt, dass ich fahre und wohin ich fahre. Ich habe eine Route nach meinen Wünschen gebucht. Meine Reisevorbereitungen ermöglichen es mir, die Karte im Bus in Gedanken zu ergänzen und vor meinem inneren Auge verfolge ich Kilometer um Kilometer der langen ersten Tagesstrecke von Petropawlowsk über Elizovo, Milkovo, die Fähre über den Kamtchatka-Fluss nach Kozyrevsk.

Der deutsche Soldat und russische Kriegsgefangene Clemens Forrell aus J.M. Bauers Roman "So weit die Füße tragen" hatte es nicht so gut. Der Roman (und auch seine Verfilmung) beruht ja auf einer tatsächlichen Begebenheit. Forrell gelingt die Flucht aus Ostsibirien, einem Lager am Kap Deschnow an der Beringstraße. Mehr oder weniger zu Fuß flüchtet er quer durch die gesamte Sowjetunion und gelangt nach 3 Jahren über die Mongolei, den Kaukasus und die Türkei zurück nach Deutschland. Der kürzere Weg wäre über das Meer nach Alaska gewesen, aber die USA hatte vorher geflohene Kriegsgefangene an die Sowjetunion zurück ausgeliefert, weshalb der Weg Richtung Westen die einzige Chance zu entkommen war.

Forell hat gewählt, dass er das Risiko auf sich nimmt erwischt zu werden oder auf der Flucht zu sterben. Für mich ist die Reise in dieser Wildnis Ostrusslands eine Vergnügungsfahrt mit Nervenkitzel gegen die Langeweile der übersättigten westlichen Stadt-Zivilisation.

Raststätten

Unser erster Halt ist die "Autobahnraststätte". Ich habe schon in Reiseberichten im Internet davon gelesen, ebenso in Klaus Scherers Buch und in seinem Film gesehen und mich darauf gefreut. (6)

Morgens hätten wir um 7 Uhr im Hotel Frühstück bekommen sollen. Um 7 Uhr ist zwar unsere ganze Reisegruppe in der Hotel-Lobby, aber außer einer Reinemachfrau niemand zu sehen. Diese Frau drängelt einen von uns nachdrücklich den Schlüssel vom Zimmer abzugeben, weil sie dort sauber machen möchte. – Wir aber wollen frühstücken, Zähne putzen und erst dann die Zimmer räumen.

Zunächst sind wir geduldig, vielleicht hat der zuständige Mann am Vortag auf dem Marinefest ja etwas länger mit Wodka gefeiert. Vielleicht müssen wir uns deutsche Pünktlichkeit abgewöhnen. Nach 20 Minuten schauen wir einmal in einen der hinteren Räume rein und wecken so den Herrn vom Empfang. Dennoch erscheint er nicht, weder in der Küche hinter dem Essraum noch in der Lobby. Nach weiteren 20 Minuten werden wir etwas hartnäckiger. Der Speiseraum wird geöffnet. Eine junge Dame wird entsandt um Brot zu holen, in der Küche beginnen Aktivitäten. – Vermutlich angeregt durch die Ankündigung des Reiseveranstalters, dass wir Teamgeist auf der Tour entfalten sollen, legen wir mit Hand an. Eine setzt Wasser auf, verteilt Teebeutel und Nescafe in Tassen. Ein paar andere decken die Tische mit Tellern und Besteck. Aus der Küche kommen Joghurts, schließlich auch Brotkörbchen. Und bald kommt die junge Dame mit frischem leckeren Brot zurück. In der Küche werden Spiegeleier in viel Butter gebraten. – Als Uli wie angekündigt um 8 kommt, sind wir mitten beim Frühstück.

Im Nachhinein betrachte ich unsere Eigeninitiative anders. Wir haben das russische Personal beschämt, ihnen keine Chance gelassen, nicht einmal als sie geweckt waren und mit Frühstückzubereitung begonnen hatten, uns zu bewirten. Wir haben ihnen gezeigt, dass wir es besser können.

Schon kurze Zeit nach diesem Frühstück bekommen wir unser zweites an der ersten Raststätte, der einzigen "Autostraßen-Raststätte", die wir sehen werden: Piroschki, frisch zubereitet, in Tücher gewickelt und warm gehalten in selbst gebauten Wägelchen. Aus Klaus Scherers Buch über seine Reise hierher habe ich über diese Verkäuferinnen erfahren, dass diese Frauen es satt hatten, wie ihre Männer nach Perestroika und dem Verfall der Wirtschaft, angesichts ihrer Arbeitslosigkeit in Suff verfielen und die Familien vernachlässigten. Sie hätten Initiative ergriffen und verkaufen hier an rastende Autofahrer und Buspassagiere ihr selbst fabriziertes Gebäck, fettig gebackene, lecker sättigende Piroschki, gefüllt mit Fleisch oder Kohl oder Beeren.

Es gibt auch Verkaufsbuden, in denen heiße Getränke oder kalte oder auch Alkohol zu bekommen ist.

Und auf der anderen Straßenseite, so wird uns erzählt, bieten Frauen bedürftigen Männern auch weitere speziellere Dienste an. Diese Raststätte ist gut besucht, kaum ein Auto fährt vorbei ohne anzuhalten. – Die Piroschki-Frauen haben sicherlich mit ihrer Eigeninitiative ihre Familien mehr als über Wasser gehalten.

"An einer Art Raststätte legen wir eine Pause ein. Auf dem staubigen Parkplatz bieten Landfrauen selbstgebackene "Kiraschky" feil. Heiße Teigtaschen sind das, wahlweise gefüllt mit Fleisch, Gemüse, Marmelade oder Obst. Sie sind jeweils in einem Holzkasten verstaut, der auf das Räderwerk eines Kinderwagens montiert ist.

Nachdem wir einen Blick ins benachbarte Speiselokal geworfen haben – eine fensterlose, schummrige Hütte mit Rentiergeweih, Adler und einem Bärenkopf, der auf Spielautomaten illuminierte Bergbachbilder und den Schnapskiosk blickt, entscheiden wir uns für die Teigtaschen. Die Händlerin im rosa Rüschenleibchen, auf die wir zugehen, entfernt zunächst den breiten Gummiring um den Kastenrand, dann nimmt sie den Deckel ab, um sich schließlich bis zum Ellenbogen durch mehrere Laden Kissen und

Bettdecken zu wühlen, die alle das Backgut warm halten sollten. Wir decken uns für den Rest der Fahrt reichlich ein.

Als die Frauen die Kamera sehen, korrigieren sie demonstrativ ihre Frisuren und kichern.

"Haben Sie keinen deutschen Mann für uns?", kokettiert eine laut.

"Gibt es denn hier keine Männer?" fragen wir zurück.

"Die arbeiten nichts, trinken zu viel und haben kein Verhältnis mehr zur Familie", sagt sie nun nicht mehr ganz so scherzhaft. Als wir beim Bezahlen weiterreden, nimmt sie es nur halb zurück. Auch hier hat vor Jahren der Agrarbetrieb dichtgemacht. Damit hätten die meisten Männer ihre Arbeit verloren. Nun brächten die Frauen ihre Familien halt mit Kiraschky durch. Zum Glück sei die Straße ganzjährig gut befahren.

"Manche von uns haben sogar Stammkunden, deshalb hüten wir unsere jeweiligen Rezepte wie eine Geheimformel", sagt eine. An besseren Tagen nehme sie etwa 600 Rubel ein, knapp 20 Euro. Das reiche für Essen, Trinken und billige Kleider. "Vorausgesetzt natürlich, der Mann bringt nicht alles durch", verdreht die Erste dann wieder die Augen.

"Es gibt eine Redensart hier", ruft sie uns noch hinterher: "Wer Teigtaschen kauft, hat eine gute Fahrt bis ans Ziel."

Später hören wir auch Gegenteiliges. Aleksander schimpft, nach so einem Wegzehr habe er zuletzt fünfzehnmal anhalten müssen. Er weigert sich denn auch konsequent, etwas anzurühren. Wir bleiben dennoch unbeschadet.

Später hält er den Frauen zugute, dass sie findig und arbeitsam seien. Deren Männer aber nennt er faul und versoffen. Das breite sich auch in der Stadt mehr und mehr aus. Entweder sie machten dann gar nichts mehr oder sie mischten im Kaviarschmuggel mit. In den Dörfern werde das zur Gefahr, weil die weggeworfenen, herumliegenden Fischleiber die Bären anlockten. "Letztes Jahr ist ein Dorfkind dabei draufgegangen," sagt er grimmig, "weil ein Bär es gleich mit aufgefressen hat." (7)

Aus unserer Gruppe fragt einer, ob er die Frauen fotografieren dürfe – die Antwort lautet klar Nein. Dennoch finde ich später unter den Fotos unserer Gruppe Aufnahmen der Piroschki-Frauen.

Nachmittags treffen wir in Milkovo ein, wo wir in einem Restaurant zu Mittag essen wollen. Wir stellen uns in einer Schlange an der Essensausgabe an, die einen Einblick nach hinten in die Küche eröffnet. Wir bekommen Suppe, Salat, einen Teller mit Risotto, Saft, Brot dazu – dennoch habe ich den Eindruck, dass das alles nicht so leicht zu erhalten ist. Die Örtlichkeit, die Köchinnen, das Flair strahlen etwas aus, was ich als Sowjet-Charme bezeichnen möchte. Es handelt sich jedenfalls nicht um Verkaufstüchtigkeit (kein "Womit kann ich Ihnen dienen?"), Service (kein "Darf's ein bisschen mehr sein?"), Verbindlichkeit (kein "Und dann wünsch ich Ihnen noch einen Guten Tag."), sondern eher "Sie kommen reichlich spät – erwarten Sie wirklich noch, dass Sie was abkriegen?" und "Krautsalat – dann muss ich ja noch mal die Dose da drüben öffnen." und "16 Leute – na gut, danach ist dann aber Feierabend für mich!"

Die Frau, die an der Theke die Bestellungen entgegen nimmt, die andere Köchinnen in der Küche das entsprechende Essen zur Theke bringen lässt und schließlich die Kasse bedient, wirkt mächtig, nicht allein wegen ihres hohen Koch-Hutes. Sie drückt klar aus, dass sie es in der Hand hat, ob wir hier etwas zu essen bekommen und sie zeigt auch klar, dass sie in der Küche gegenüber ihren Mitarbeiterinnen die Weisungsbefugnis hat.

Ein Restaurant westlichen Stils ist es nicht, eher eine Kantine. Nachdem wir in dem recht dunklen Saal gegessen haben, bringen wir unsere Teller, Gläser und Besteck auch zu einem Tisch, auf dem schmutziges Geschirr gestapelt wird. Vielleicht könnte man es deshalb als Selbstbedienungsrestaurant bezeichnen – nur fehlt dazu die Vitrine an der Theke mit der Auswahl, aus der ich mir selber eine Mahlzeit zusammen stellen könnte. Der Unterschied liegt darin, dass ich an eben dieser Theke als Gast Geduld und Freundlichkeit aufbringen muss, in einer gewissen Bittstellung verharre, um überhaupt Essen zu bekommen.

In Milkovo sehe ich an einer Hauswand alte sozialistische Parolen und Symbole, noch gar nicht stark verblasst.

Die insgesamt 10 Stunden Fahrt von Süden nach Norden sind landschaftlich abwechslungsreich: Zunächst ist es "kanadische Tundra" mit Wiesen, niedrigen Bäumen wie Birken und Erlen, vielen Blumen, Teichen. Wir erreichen die Wasserscheide; südlich fließen alle Flüsse ins Ochotskische Meer gen Westen, nördlich strömen die Flüsse nach Osten in den Stillen Ozean. Es folgt das Kamtschatka-Tal, eine weite breite Ebene, in der Landwirtschaft betrieben wird, in der ich dazwischen auch viele Feuchtgebiete wahr nehme. Zu Beginn des Tales überqueren wir den Kamtschatka-Fluss einmal über eine Brücke, am Ende überqueren wir ihn ein weiteres Mal, aber eine Brücke wäre ein größeres Bauwerk. Hier fährt eine Fähre. Wir haben Glück, dass sie kurz vor der Abfahrt ist und wir noch mitkommen können. Zwei Stunden Wartezeit hätte uns Hunderte von Mückenstichen und wahrscheinlich ungeschützt in der prallen Sonne auch Sonnenbrand eingebracht.

Die Fähre ist nicht mehr als ein breites riesiges Holzfloß, das an ein Motorboot daneben angeschlossen ist und davon angetrieben wird.

Dorf-Romantik in Kozyrevsk

Nach der Fähre ist es nur noch eine halbe Stunde bis Kozyrevsk, das sich als der schönste Ort auf der ganzen Tour entpuppt, weil es unserer Vorstellung von sibirischer oder russischer Dorf-Romantik entspricht. Der kleine Ort liegt am Fluss und hat etwa 5000 Einwohner. Die Straßen sind nicht asphaltiert, die Häuser sind aus Holz und haben reichhaltige Gemüsegärten sowie bunte Blumengärten, von der Straße durch einen Lattenzaun getrennt. Die Frauen tragen Blumen-bedruckte Kopftücher, wie sich eine Westlerin die Russin vorstellt. Die Kühe laufen frei durch die Dorfstraßen und weiden auf den Gras bewachsenen Straßenrändern, hinter einer Gardine am Fenster lugt ein Katzenkopf hervor. Die Welt wirkt noch in Ordnung, der Touristendurst nach Idylle wird mit schönen Fotomotiven gestillt.

Unsere Unterkunft bei Maria entspricht ganz und gar diesem Bild. Ihr Haus ist aus Naturholz, Türen und Fenster haben Holzschnitzereien. Ihr Garten ist üppig mit Gemüsen bepflanzt, von Kartoffeln über Kohl, Möhren, Roter Beete bis hin zu einem kleinen Gewächshaus mit Tomaten und Gurken. Im Vorgarten blühen Studentenblumen, Astern, Lilien und was es sonst noch an farbenfrohen Blüten geben kann. Maria hat sogar Wanderschuhe, die wohl ein Tourist nicht mehr tragen mochte, mit Blumen bepflanzt. Es ist russische Folklore pur – kein sozialistisches Einheitsgrau und die Jahreszeit tut das Ihre um ein möglicherweise tristes Leben im Dorf farbenfroh zu übertünchen.

In ihrem Garten hat Maria winzige Hütten aus Holz errichtet, in denen je 2 Holzpritschen stehen. Eine Küche, eine Banja (gemeinschaftliche Sauna und Bad), 2 Toiletten mit Waschbecken machen den Pensionsservice komplett – für 10 Personen. Daher bringt sie 3 weitere in einer Wohnung im Dorf unter, die sie auch für ihren Pensionsbetrieb nutzen kann. Dort gibt es eine Wanne mit Duschmöglichkeit im Bad, eine voll ausgestattete Küche und 3 Zimmer, jedes mit mindestens 3 Schlafmöglichkeiten versehen. – Maria soll die einzige im Ort sein, die verstanden hat, dass mit Tourismus Geld zu verdienen ist.

Es wird ein schöner Abend, weil die Sonne vom blauen Himmel scheint, bis die Nachtstunde naht, gegen halb elf. Wir wandern etwas dorfauswärts, um von dort einen Blick auf die Konturen der nahen Vulkane zu erhaschen, vor allem Vulkane im Rot des Sonnenuntergangs. Verbissen trotzen wir allen Mücken-Angriffen und erleben den Anblick der Vulkane in allen hellen, leuchtenden bis dunklen Rot-Tönen.

Ich bin dankbar, dass das Wetter mitspielt und uns diese freie Sicht gönnt. obendrein raucht einer der Vulkane, der "Namenlose" (Bezimiani) und zeigt uns, dass in Kamtschatka Vulkanismus keine tote vergangene Angelegenheit ist, sondern hier jederzeit ein Vulkan ausbrechen kann. – Abgeschnitten von allen Nachrichten der Welt, von Radio, Fernsehen, Internet, frage ich mich allerdings auch, wie wir denn eine Vulkanausbruch-Warnung hier in unmittelbarer Nähe überhaupt rechtzeitig mitbekommen würden. Zu Hause konnte ich auf einer Internetseite täglich die aktuellen Zustände der aktiven Vulkane aller Welt, von Hawaii über Indonesien bis Kamtschatka, einsehen. Ich weiß, dass der Bezimiani den "orange level" inne hält (die nächste Stufe "red level" wäre der Ausbruch), für einen weiteren in seiner Nähe gab es die Warnung für Flugzeuge und Hubschrauber, wegen Ausstoß von Gesteinsbrocken nicht so niedrig zu fliegen.

Nach unserem Vulkan-Bestaunen in Mückenschwärmen dürfen wir unsere gepiesackten gequälten Körper in der heißen Banja entspannen, reinigen und pflegen.

Als wir zu zweit zu der Wohnung mitten im Dorf laufen, ist so spät eine Gruppe Jugendlicher an der Bushaltestelle versammelt, dem Jugend-Treffpunkt. Sie verhalten sich wie Jugendliche an anderen Orten der Welt, sind laut, hören Musik, fragen neugierig, wer da wohl in ihr Revier vorstößt – aber sie werden nicht ausfällig, nicht aggressiv, nicht lästig. Ich frage mich, wie romantisch sie diese Dorfidylle finden. Und mir fällt ein abgeschlossenes Projekt des Vereins Pro Sibiria ein, das einen einzigen Einheimischen aus seiner Perspektivlosigkeit heraus holen konnte:

Roman wuchs von klein an mit Hunden auf, spannte sie vor seine Skier und beteiligte sich an Kinder-Hundeschlitten-Rennen mit. Mit zehn Jahren machte er als jüngster mit acht Laikas (so heißen die russischen Schlittenhunde) das erste Mal die Beringia von Esso bis Ossora mit. Das sind 850 km unter schweren Bedingungen für einen schmächtigen, klein gewachsenen Jungen; er wurde zehnter von zwölfen. Pro Sibiria förderte den Ewenenjungen mit der Finanzierung seiner Ausrüstung. Inzwischen hat der Jugendliche an weiteren Beringias erfolgreich teil genommen und ist lokal hoch angesehen. Er raucht und trinkt nicht mehr sondern kümmert sich das ganze Jahr darum, die Beringia gut zu schaffen.

Wir werden noch nach Esso kommen, zu Romans Heimatort. (8)

Die erste Vulkanbesteigung

Ich sitze am südlichen Krater-Hügel des Tolbachik.

Der erste Vulkan, den ich bestiegen habe, ist eigentlich nicht viel mehr als ein Hügel. Dennoch wappne ich mich für ihn mit Energieriegel und genügend Trinkwasser als sei es eine Himalaya-Expedition. Ich verheddere mich, als ich zum ersten Mal meine Wanderstöcke auf die richtige Höhe einstellen will. Was ist denn die richtige Höhe? Aha, nach individuellem Wohlbefinden, nein, unter Schulterhöhe, besser rauf anders als runter. Ich gebe auf, mir weitere Ratschläge einzuholen und marschiere los, immer hinter meinem Vordermann her. Der Weg besteht aus Geröll (ich rutsche aus) und Fels (wie greift denn da die Stockspitze?) Ich denke an mein Konditionstraining zu Hause: Auf der Arbeit benutze ich nie den Aufzug und weiß, dass ich so mehrmals am Tag 50 Stufen auf und ab gehe. Darauf bin ich stolz. Aber an ungleich hohe und völlig uneinheitliche "Stufen" den Berg hoch habe ich nie gedacht. Natürlich, das ist natürlich – und nicht von einem Architekten bemessen. Mir kam es gefährlich, atemberaubend, steil und anstrengend vor. Das war es de facto nicht, es war vielleicht eine gute halbe Stunde Aufstieg – und oben wurde ich belohnt. Da gab es heiße Steine, heiße Dämpfe aus Löchern aufsteigend, da stank es nach Schwefel. Und da gab es den Blick hinunter in den Krater, steil felsig in Rot-Braun-Schwarz-Tönen. Und den Blick vom Gipfel in die Ferne, schier unendlich, auf andere Vulkane, auf die Ebene Richtung Süden.

Ich hätte noch lange dort sitzen und schauen können, wir stiegen zu bald wieder hinunter, machten eine Pause unter einem überdachten Picknickstand. Als wir weiter fahren wollen, macht das Auto Probleme. Deshalb sitze ich nun mitten in der Landschaft auf einem einzelnen vulkanischen Stein, um mich herum schwarzer Sand, der Blick ist auf Tolbachik und andere Vulkane gerichtet. Im schwarzen Sand wachsen vereinzelt die ersten Pflanzen und blühen kleine Blüten. Hatte es auf dem Vulkan-gipfel keine lange Pause gegeben, so habe ich nun die Muße, mich in diese Mond-landschaft einzufinden. Meine Seele versucht, hinter der Entfernung her zu kommen. Auch wenn wir jetzt keine 11 Zeitzonen mehr in Düsengeschwindigkeit zurück legen, macht es mir die Fortbewegung im ehemaligen Militär-LKW auf nicht vorhandenen Straßen schwierig mich einzugewöhnen und einzufinden.

Auch an diesem Tag galt es eine anstrengende Fahrt hinter uns zu bringen. In Kozyrevsk kauften wir in drei Läden für die nächsten Tage ein, füllten unsere Kanister mit allem Wasser, das wir benötigen würden, und den Auto-Tank mit Benzin. Als ich am Fluss spazieren ging, roch es zum einen brakig, verfault, nach faulendem Fisch und Urin, zum anderen drang von der Bäckerei des Dorfes der Duft von frisch gebackenem Brot herüber.

Von der Hauptstraße zweigte ein Feld-Wald-und Wiesenweg ab, eher Hohlweg durch einen Wald, denn die Bäume und Sträucher standen dicht, bis an den Weg heran und auch das Auge drang nicht weit in den Wald hinein. Der Weg war eine Autospur breit und matschig und sollte nur noch matschiger werden. Ich versuchte die Vielfalt an Bäumen und Sträucher zu erfassen und hoffte, vielleicht mitten drin einen Bären zu sichten. Den wünschte ich mir dann wieder weniger, als ich dringend meinen Morgentee los werden wollte. Ich ging durch Gebüsch und Gräser, die mir bis zur Hüfte reichten und fand ein Plätzchen mit weniger hohen Pflanzen, den Krähenbeeren. Ein Liedchen summend (damit der Bär weiß, dass ich es bin) ärgerte ich mich darüber, dass der Bär das wohl akzeptierte und fern blieb, aber die Mücken das nicht kapierten. Ich pflückte in Eile noch ein paar Beeren und kehrte schnellstens zum Bus zurück.

Einmal gab es ein breites Flussbett zu queren. Es war trocken, mit Steinen besät und mit Büschen bewachsen – bis wir an das Restwasser des Flusses kamen. Der Fluss wird von schmelzendem Gletscher- und Schneewasser gespeist. Je fortgeschrittener die Stunde am Tag desto mehr Wasser führt er. Wir kamen am Morgen dort an.

Mischa hielt an dem reißenden Fluss an, stieg aus und begann an verschiedenen Stellen des Flusses Steine hinein zu werfen und sie beim Absinken zu beobachten. Ich sah da keinen Unterschied, aber Mischa entnahm seinem Experimentieren, wo er am günstigsten den reißenden Fluss zu überqueren habe. Tatsächlich gelang ihm die Fahrt, auch wenn mir der Atem stockte, als es tiefer und tiefer hinein ging, als es wegen des steinig-felsigen Untergrundes ruckelte und als wir einmal still standen, weil die Räder im sandig-schlammigen Untergrund fest hingen.

Der Hohlweg durch den dichten Wald machte mir Spaß. Ich genoss das Grün, suchte mit den Augen den Bären, den ich mit meinem ganzen Körper nicht treffen wollte. Zwischendurch fragte ich mich, was passieren würde, wenn wir hier auf ein entgegen kommendes Fahrzeug träfen. – Aber weshalb sollte uns ein Fahrzeug entgegen kommen? Hier fahren sowieso nur Touristen entlang und Massentourismus gibt es hier nicht.

Schließlich passierte es doch. Uns kam ein Fahrzeug entgegen, dem unseren ähnlich, ebenfalls mit Touristen beladen. Während Mischa nur etwa einen Meter nach rechts auswich, fuhr der andere Fahrer kurzerhand fast ganz ins Gebüsch am Wegesrand und mähte einige beachtliche Bäumchen dabei um.

Beide ließen es auch zu einer live-Begegnung werden. Wir stiegen alle aus, unterhielten uns mit den ebenfalls deutschen Touristen, die nicht zum ersten Mal hier waren, hörten uns ihre Erfahrungen an. Ihr Fahrer war Mischas und Saschas Vater – der seinen beiden Söhnen nun gezeigt hatte, was ein echter Wildnis-Fahrer bewerkstelligt. Später allerdings hörten wir, dass sein Fahrzeug dabei nicht unbeschädigt geblieben war.

Mischa erlebte bald nach der Weiterfahrt seine größere Herausforderung. Optimistisch wie er es war, hatte er ein Schlammloch nicht so tief eingeschätzt wie es letztendlich tatsächlich war. Mitten im tiefen Modder und Wasser blieb unser fahrendes Wohnzimmer stecken und ließ sich weder vorwärts noch rückwärts bewegen. Es war die Beharrlichkeit Mischas, das unablässige nicht-Aufgeben und immer-wieder-Probieren was schließlich doch vom Erfolg gekrönt wurde. Wir fuhren weiter.

Wir hielten kurz nach dem Wasserloch-Debakel an und Mischa registrierte einen Schaden an der Zünderverteilung. Ich fand wieder zwei vierblättrige Kleeblätter, zeigte sie Mischa und wünschte ihm (und mir!) "safe arrival". Er kannte die Bedeutung der Glückskleeblätter nicht, reagierte aber gerührt, als ich sie ihm erklärte und versprach mir seinerseits später etwas an einem Baum zu zeigen, was er sich ebenfalls nicht erklären konnte, was ich aber, naturbegeistert, bestimmt interessant fände. Er zeigte mir Pilz-Gebilde, die keiner von uns identifizierte oder in einem unserer schlauen mitgebrachten Nachschlagewerke über Biologie fanden.

Und nun sitze ich wegen des Verteilerschadens mitten in der grau-sandigen Mondlandschaft, bis Mischa und Sascha den LKW so weit repariert haben, dass er die wenigen Kilometer bis zu unserem Zeltplatz bewältigen kann.

Im toten Wald

Mitten in der Mondlandschaft auf einem einzelnen Stein sitzen und auf Schnee bedeckte oder auch rauchende Vulkane blicken.

Auf einem sanft ansteigenden Hang laufen, vereinzelte Blüten entdecken und von oben die nicht enden wollende Mondlandschaft betrachten. Ironie dieser Weite: Ein dringendes Bedürfnis bei diesem Weitblick schamvoll vor den anderen der Gruppe verstecken ist nicht leicht. Er läuft und läuft ohne zu wissen, dass jeder größere Fels auf dem Weg bergab ihm schon Deckung gegeben hätte, bis er ein paar Büsche erreicht, die hier sparsam gewachsen sind.

Und schließlich in dieser skurrilen Landschaft drei Nächte zelten. Wir erreichen den toten Wald: hohe Bäume, die von heißer Lava mehr als zur Hälfte ihrer Höhe zugeschüttet wurden. Sie wurden erstickt, so dass kein Blatt, kein Zweig mehr wuchs. Der Stamm und die Äste, die oben nun heraus schauen, sind nicht verbrannt aber schwarz angekokelt. Der Boden ist grau-schwarzer Sand.

Für uns ist es ein idealer Zeltplatz: Die Zelte lassen sich leicht im Boden verankern. Die Bäume mit ihren Aststümpfen sind Kleiderhaken oder Wäschetrockner. Wir haben strahlenden Sonnenschein. Unsere Getränke können nur durch Vergraben vor der Hitze gekühlt werden. Selbst den Mücken ist es hier zu heiß. Der Sand ist auch ideal für Toilettengänge: Es gibt eine Schaufel, mit der sich leicht eine Loch graben lässt. Wenn sie an einen toten Baum angelehnt steht, ist die Toilette frei.

Wir liegen in einer großen Kuhle. Auf der einen Seite ist (schon wieder) ein Vulkan-Hügel. Der Aufstieg geht durch tiefen Sand. Auf der anderen Seite liegt auf dem Sand ein umgefallener toter Baum. Auf dem lässt es sich gut sitzen und Sonnenuntergang beobachten. Es ist still, totenstill, und die Sonne braucht lange um am fernen Horizont unter zu gehen, rot wie sich ein Tourist das Urlaubsfoto wünscht, das er den neidischen Daheimgebliebenen zeigen will. Das Panorama bilden die großen Vulkane, ruhende, aktive und solche, die ihre Aktivität sichtbar mit Rauchwolken demonstrieren.

Es ist so weit weg vom nächsten Ort, so still, so nahe der Naturgewalt Vulkanismus, die ihre Macht sichtbar mit den toten Bäumen unter Beweis gestellt hat, dass ich mir bewusst werde: Hier ist die Natur stärker als Mensch und ich bin mitten drin.
Ich habe mich zu Hause gefreut, auf einer Internetseite den Karymsky, den Sheveluch

im orangenen Zustand und den Bezimiyani und Kluchevski im gelben Zustand zu finden. An diese Vulkan werden wir ganz nah ran kommen.

Während der Fahrt, immer weiter von der Nord-Süd-Straße weg in die Wildnis hinein, denke ich immer mehr darüber nach, was mir meine Information nützt, die ich auch dem Internet entnahm: Da ist dann ein aktiver Vulkan ganz in meiner Nähe – und mein Internet ist ganz weit weg. Ich lese keinen aktuellen Zustandsbericht mehr. Unmittelbar vor meiner Abreise war in Südchile eine Vulkananzeige von Orange zu Rot über gegangen. Ich sah in den Medien herrliche Bild- und Filmaufnahmen von rotglühender Lava, qualmenden, dampfenden Wolken und Gestein, das durch die Luft flog. Ich las auch von Menschen in der näheren Umgebung, die das Weite suchten.
An Menschen, die bei Vulkanausbruch das Weite suchen, musste ich nun denken. Wie nützlich sind doch seismologische Untersuchungen, die Frühwarnungen hervor bringen können! – Doch wie könnte ich hier davon erfahren? Und wie schnell können wir uns

heutzutage im Atomzeitalter bei Gefahr von hier fort bewegen. – In nicht mal einem einzigen Tag fliege ich um die halbe Welt. Aber hier bewegen wir uns manchmal im Schritttempo durch einen Fluss, über felsige Hügel, durch sandige Spuren.

Hier im toten Wald würde ich vom Ausbruch eines Vulkans weder rechtzeitig erfahren, noch würde es mir helfen, wenn ich es erführe: Ich könnte mich so schnell gar nicht von hier weg begeben. Ich bin wie die Bäume Teil dieser Natur und würde wie sie die Kräfte der Natur nicht abwehren können. Die Bäume wurden so zum toten Wald – auch mir könnte hier die Luft zum Leben ausgehen. Auch ich könnte von Vulkanasche begraben werden. Meine Gedanken gehen zurück zu dem Wenigen, was mein Vater mir von seinem Überleben in Kriegsgefangenschaft erzählt hat.

Er war auf der Wolga eingesetzt um Baumstämme zu flözen.
Die Sowjetunion hatte neben Polen die größten Schäden vom Krieg davon getragen. Ganze Landstriche lagen brach, wo eigentlich blühende Kornfelder sein sollten. Ganze Dörfer waren in Flammen aufgegangen – russische Holzromantik ist ein leichtes Opfer für den Flächenbrand, den der faschistische Krieg ausgelöst hatte. Große Städte wie Stalingrad lagen in Schutt und Asche. Eisenbahnlinien waren selbst noch beim Rückzug des deutschen Heeres bewusst zerstört worden, wie mir mein Onkel vom eigenen Tun erzählte. Holzschwellen wurden verbrannt, die Eisenschienen demontiert, damit "der Russ" (eine Bezeichnung, die mein Onkel mehr als ein halbes Jahrhundert später noch benutzte) die Deutschen höchstens zu Fuß, zu Pferd oder in Panzern verfolgen konnte.
Das alles galt es wieder aufzubauen. Stalin hatte bei den Alliiertenkonferenzen während des Krieges immer auf Wiedergutmachungen bestanden, aber bald nach dem Kriegsende zeichnete sich ab, dass die westlichen Sieger sie ihm nicht gewähren würden. Die Vereinigten Staaten waren nicht durch Krieg zerstört, sie brauchten keine Reparationen. Großbritannien, Frankreich und anderen boten sie später die Marshallplanhilfe zum Wiederaufbau an. Diese konnte Stalin weder für sich noch für die anderen kommunistischen Nachbarländer akzeptieren – Geld aus dem Westen war an die Einführung der freien Marktwirtschaft gebunden und damit wäre das Ende des Kommunismus besiegelt worden.
Also konnte der Wiederaufbau der Sowjetunion nur durch Mobilisierung aller eigenen Kräfte gelingen – und der Kräfte der Kriegsgefangenen.

Mein Vater erzählte mir, dass "die Russen" selbst nicht mehr zu essen hatten als sie. Man habe sie nicht mit Absicht hungern lassen. Lieber hätte man ihnen genug zu essen gegeben, damit sie bei Kräften blieben und arbeiten konnten.

Wir gehen an unserem ersten Abend im toten Wald nach dem Abendessen von unserem Zeltlager zu einem langen liegenden Baumstamm, um von der Anhöhe aus den Sonnenuntergang zu beobachten. Meine Gedanken sind bei meinem Vater, der auf glitschigen Baumstämmen inmitten der Wolgaströmung gestanden hatte, mit eiskalten steifen Fingern eine Stange hielt und versuchte, die anderen Baumstämme zu dirigieren, damit sie flussabwärts trieben, denn sie wurden als Bauholz beim Wiederaufbau gebraucht.

Während ich mit nackten Füßen im warmen Sand spiele und mir ausmale, wie gefährlich diese Gegend hier ist, weil ich keine Internetwarnungen über Vulkanausbrüche lesen kann und im Notfall nicht schnell genug fliehen kann, musste mein Vater auf seine Füße gut aufpassen. Wie leicht konnte er ausgleiten und ins Wasser rutschen! Er brauchte keine Phantasie um sich Gefahren auszumalen. Mehrmals am Tage fielen Kameraden von den schlüpfrigen Baumstämmen ins Wasser. Es war gefährlich zu versuchen, sie wieder hoch zu ziehen. Die Kälte des Flusswassers in der triefend nassen Kleidung hätte den Geretteten ebenso wenig überleben lassen wie seinen Retter.

Mir läuft ein Schauder über bei meiner Vorstellung und gerne begebe ich mich wieder in den Augenblick.

Abenteuer, zugeschnitten für Touristen

Ich beobachte einen herrlichen Sonnenuntergang, so wie er im Urlaubs-Fotoalbum jede Daheimgebliebene neidisch macht. Zusätzlich sehen wir deutlich einen Vulkan, der Asche auswirft. Diese Aschenwolke sieht aus der Ferne wie ein dunkler Schweif aus.

Als es dunkel ist, wird es schnell kühler und feuchter. Kälte, aber auch die Furcht vor nachts herum streunenden Bären lassen mich wenig trinken, damit ich nachts keinen Toilettengang machen muss. Gegen zwei Uhr nachts weckt mich meine Zeltpartnerin und bittet mich "Achte darauf, dass ich zurück kehre." Ich nutze die Wartezeit, um einen Blick aus dem Zelt zu werfen. Welch ein Sternenhimmel! Auch ohne Astronomie-Kenntnisse kann ich die Milchstraße erkennen und sehe Tausende und Abertausende Sterne am weiten Himmelszelt in dieser sternenklaren Nacht. – Meine Zeltpartnerin ist sehr schnell zurück. Weit weg traut sich keine des Nachts – es ist stockfinster um uns herum.

Welchen Mut forderte es, wenn ein Kriegsgefangener irgendwo im Nirgendwo der sowjetischen Weiten sich ein Herz nahm und zu fliehen versuchte! Die sowjetischen Wachsoldaten waren die eine, die Wildnis die andere Herausforderung, wenn die Jahre der Kriegsgefangenschaft nicht zum Aushalten waren und der Mut der Verzweiflung die Flucht versuchen ließ.

Wir fahren am nächsten Morgen eine gar nicht mal lange Strecke, aber extrem langsam, weil es ein entsetzlich holpriger Sandweg ist. Wir halten an einem Ausgangspunkt für Wanderungen, der mit einem Unterstand und zwei Toiletten ausgestattet ist. Wildnis mit Komfort für die, die in die Wildnis ziehen. Daneben ist eine frische Quelle, wo Wasser durch ein Rohr geleitet in unsere Hände oder unsere Flaschen fließen kann. Das eisig kalte Wasser schmeckt köstlich.

Wir müssen uns beeilen, weil zuerst ein reißender Fluss überquert werden muss, der aus Gletscherwasser gespeist wird. Die Sonne scheint schon heiß und je wärmer es am Tag wird desto mehr Gletscherwasser wird den Fluss füllen. Es gilt also Nachmittags nicht zu spät zurück zu kehren. Wir ziehen unsere Wanderschuhe aus, Sandalen an, damit wir nicht auf den glitschigen Steinen im Fluss ausrutschen, aber auch, damit unsere Füße nicht unnötig kalt werden. Der Fluss ist eiskalt und reißend; ich gebe mir mit den Wanderstöcken zusätzlichen Halt um nicht ins Wasser zu fallen.

Auf dem stetig ansteigenden Weg wird mir wieder warm. Den Anstieg genieße ich, weil mich mein Blick auf den Boden mit verblühten und noch blühenden Tundrablumen belohnt, mein Blick zurück in die Ferne mir die unendliche Weite des Landes eröffnet und mein Blick nach oben den Vulkangipfel mit Schnee mal mit Wolken verhangen, mal frei und klar in seinen Konturen erfasst. Dabei merke ich nicht, dass der Weg schon anstrengend ist, bis wir die letzten 45 Minuten mit einem fast senkrechten Steilanstieg verbringen. Es ist auch Tundrawiese, aber mit Geröllanteilen, auf denen jede einmal den einen oder anderen Stein oder kleinen Felsbrocken los tritt.

Oben ankommen heißt bei den Deiks ankommen. Es handelt sich um Schlacke, die der Vulkan ausgeworfen hat, die empor schoss und wie Säulen stehen geblieben ist. 20 000 Jahre sind diese Felsgebilde jung. Wir halten unsere Mittagspause im Windschatten zwischen den Deiks, sonnen uns und genießen den Ausblick auf den zurück gelegten Weg, die Weite und den steilen felsigen Abhang zur Seite hin.

Schnellen Fußes rutsche ich mehr als dass ich gehe den Steilhang wieder herunter und marschiere stramm zurück. Die Sonne scheint immer noch heiß, unser mitgenommenes Wasser geht zur Neige und alle freuen sich auf die eiskalte Quelle mit dem erfrischenden Wasser, gegen den Durst und für die heiß qualmenden Füße.

Der Fluss ist enorm angestiegen. Mischa steht am anderen Ufer und rät uns flussaufwärts zu gehen um eine günstige Stelle zum Überqueren zu finden; hier geht das nicht mehr, es ist zu tief und zu reißend. Also gehen wir über die großen Steine, klettern auf und ab, neben uns ständig das Rauschen des Flusses, mal tief im Abgrund, mal nur zu hören aber nicht zu sehen. Immer wieder einmal taucht Mischa auf der anderen Seite auf und winkt uns weiter. Nein, hier geht es auch nicht, weiter.

Wir sind schließlich länger als eine Stunde unterwegs um den geeigneten Übergang zu finden. Angespornt vom Willen "irgendwo muss es doch rüber gehen" trotzen wir dem anstrengenden Weg in der heißen Sonne. Am Ende klappt die Überquerung nur an einer Stelle, wo mitten im Fluss zwei heraus ragende große Steine sind. Vom Ufer zum ersten Stein, zum nächsten Stein und zum anderen Ufer muss dann gesprungen werden. Ich bin froh, dass ich als eine der ersten an dieser Stelle ankomme und ohne zusehende Mitreisende "springe", denn ich springe nicht, ich lasse mich fallen und werde von Mischas und Saschas kräftigen Armen rüber gezogen. Ich juchze auf und freue mich, dass ich es überhaupt geschafft habe. Ohne ihre Hilfe hätte ich mich gar nicht erst getraut abzuspringen und wäre vermutlich im reißenden eiskalten Schmelzwasser des Flusses gelandet.

Wir wandern auf der anderen Seite – auf Wiese, Gestein und Geröll – talabwärts und laben uns dann an dem köstlichen Quellwasser. Ich starre inzwischen vor Schweiß und Dreck. Das Naturbecken ist nur einen halben Quadratmeter groß, das Rohr hat nur 5 cm Durchmesser, wir wechseln uns geduldig ab, bis wir alle gekühlte Füße, gewaschene Gesichter und aufgefüllte Wasserflaschen haben.

Im Naturgarten von Kamtschatka

Der folgende Tag wird vergleichsweise besinnlich; mich hat die Kraftanstrengung an den Deiks und dem Fluss schon abgeschreckt. Ich wage keinen Aufstieg zum großen Vulkan Tolbachik. Eine kleine Gruppe marschiert in nur vier Stunden rauf und drei wieder runter – während die andere Hälfte der Gruppe in der Nähe des Lagers verweilt.

Wir gehen Richtung Süden, talabwärts, über das Aschenfeld, wo toter Wald in wieder lebendig gewordenen, neu gewachsenen Wald übergeht. Es ist wieder ein heißer Tag, wir werden von zahllosen Mücken umsurrt. Kaum bleiben wir stehen, lassen auch sie sich zur Rast nieder, vorzugsweise auf den nackten Teilen unserer Körper. Dort finden sie Futter und pieksen uns. Je mehr wir schwitzen desto mehr scheinen sie sich von unseren Körperdüften angezogen zu fühlen. Wir schauen uns auf dem Weg die vielen verschiedenen Pflanzen an, Blumen wie Büsche, die Elch-Köddel (die hervorragend im Lagerfeuer brennen), Bärenspuren. Wir suchen wild wachsende rote Johannisbeeren, pflücken sie und haben später so viele Beeren gesammelt, dass wir noch tagelang bei jeder Mahlzeit Vitaminschübe zu uns nehmen können.

Es tut gut, einen Tag in dieser Landschaft mehr oder weniger nur zu verweilen, lange Weile zu haben und noch intensiver wahr zu nehmen, wo ich bin und wie es mir geht. Drei Nächte Zelten, kein frisches Wasser außer dem in Kanistern und Flaschen mitgebrachten, dabei bei Bewegung in Schweiß geraten und wegen der Trockenheit den Sand und Staub als Dreck auf der Haut und in der Kleidung spüren. Ich freue mich schon auf ein richtiges Bad und saubere Kleidung. Ich freue mich aber auch, dass es in meiner Gruppe niemanden mit Waschzwang gibt – wir wären bald an die Grenzen unserer mitgebrachten Wassermenge gekommen. Für mehr als Katzenwäsche und Zähneputzen reicht es nicht.

Esso in der Kamtschatka-Schweiz

In Esso zelten wir an einem Fluss. Eine Mitreisende stürmt sofort das Ufer hinunter, um Füße, Gesicht und Hände nass zu machen – und fällt prompt mit Kleidung in den Fluss. Später kommt Nieselregen auf. Die Sonne ist nicht mehr da, daher mag ich mich nicht ins kalte Wasser des Flusses begeben. Doch wir gehen sowieso ins Dorf, wo das öffentliche Schwimmbad mit heißem Quellwasser gespeist wird, ein öffentliches Thermalbad, frei zugänglich für jeden. Es ist eine Wohltat, im warmen Wasser einzuweichen und schließlich allen Schmutz auf der Haut los zu werden. Derweil weicht die Kleidung in einer Wanne ein und kann nach der Wäsche sogar auf den warmen Wasserrohren komplett trocknen, bis wir genügend geschwommen und gebadet haben.

Unsere Rückfahrt vom toten Wald führt uns wieder nach Kozyrevsk, wo zuerst unser Fahrzeug betankt wird. Zu dem Zweck müssen wir natürlich wieder aus Sicherheitsgründen aussteigen und wundern uns über die Schlichtheit der Tankstelle, von Zapfsäulen, über Aushängeschilder bis hin zur Kasse.

Wir entsorgen unseren in der Wildnis gesammelten Müll, kaufen erneut ein und fahren dann weiter in die Kamtschatka-Schweiz.

Hier sind mehr Spuren von Tourismus zu sehen, es gibt Hinweise auf Wanderwege, auf Unterkünfte, auf Möglichkeiten Boot zu fahren oder zu angeln. Wir blicken von einem ausgetretenen Aussichtsplatz auf einen Fluss, der sich an bewaldeten Hängen entlang schlängelt. Der Fluss heißt Bystraja. Doch so heißen hier viele Flüsse, es bedeutet "der schnell fließende" und das tun eben hier viele Flüsse.

Unsere Glückszeit mit warmem trockenen Sonnenwetter ist vorbei, am Abend kommt Nieselregen auf, des Nachts regnet es und am Morgen verpacken wir feuchtnasse Zelte. Auch im Zelt muss ich Acht geben, dass ich nicht direkt an der Zeltwand liege, denn durch den Kontakt dringt die Nässe auch an den Schlafsack. Wir sind verwöhnt vom guten Wetter und sind vollkommen optimistisch, dass es bei dem bisschen Regen bleibt und wir bald wieder Sonnenschein genießen können.

Meine Gedanken fliegen wieder zum meinem Vater und den vielen anderen Kriegsgefangenen nach dem 2. Weltkrieg.

Im Sommer mag die Arbeit an frischer Luft und bei Sonnenschein vielleicht noch Freude gemacht haben. Die Aussicht auf den langen russischen Winter, mit Regen,

Wind, Schnee und Temperaturen weit unter dem Gefrierpunkt aber muss die Kriegsgefangenen in Todesängste versetzt haben.

Mein Vater hat mir davon berichtet, im Sommer bei Erntearbeiten eingesetzt gewesen zu sein. Da fanden sich gewiss gemeinsame Themen zwischen den russischen Bauern und dem leidenschaftlichen Bauern aus Deutschland. Auch ohne große Sprachkenntnisse tauschten sie sich über Wachsen und Gedeihen von Getreide, über Tierzucht und Tierpflege aus, vielleicht sogar über Familie. Er berichtete von Kontakten zu den einfachen Bauern und vom gemeinsamen Arbeiten mit ihnen, auf fast gleicher Ebene. Es war anders als für russische Kriegsgefangene währendes des Krieges, die von den Deutschen als Untermenschen betrachtet wurden, rücksichtslos durch Arbeit verschlissen wurden und genau diese Vernichtung von minderwertigem Leben auch Ziel war. Mein Vater hat von geteilten Mahlzeiten erzählt, während persönlicher Kontakt zwischen russischen Zwangsarbeitern und Deutschen im Nationalsozialismus bei Strafe verboten war.

Begegnung mit Menschen – im Museum

Ich hatte mir die Kontakte zu den Einheimischen anders vorgestellt oder zumindest gewünscht. Im Thermalbad treffen wir natürlich Einheimische, doch es kommt nicht zu Kontakten. Einige von uns blieben damit zufrieden, das eine oder andere niedliche kleine Ewenen-Mädchen zu fotografieren. Auch gemeinsam mit einheimischen jungen Frauen in der Umkleidekabine kommt es nicht zu Kontakt. Wahrscheinlich benehme ich mich noch dazu völlig daneben, denn ich ziehe mich dort nackt aus um den Badeanzug anzuziehen. Das beobachte ich an den einheimischen Frauen nicht. Wie sie das bewerkstelligen in oder aus ihrer Kleidung zu kommen ohne sich zu entblößen bleibt mir ein Rätsel an Geschicklichkeit, denn sie wickeln dabei nicht einmal große Tücher um sich, unter denen das vonstatten ginge.

Draußen im Thermalbad unterbleiben ebenfalls Begegnungen, denn unser Verhalten ist befremdlich im tiefsten Sinn des Wortes. Wir haben ja Waschwannen dabei, in denen wir unsere Kleidung waschen. Wir breiten unsere nasse Wäsche auf den Rohren aus. Das macht außer uns niemand. Ich merke, dass die Mädchen und Frauen darüber (oder über uns) tuscheln, kichern. Die Männer beobachten uns interessiert, aber dabei bleibt es. Die Sprachbarriere ist ein weiterer Hinderungsgrund, eine Kontaktaufnahme erst gar nicht zu probieren. Ein bisschen komme ich mir vor wie auf einer öffentlichen Ausstellung, wo es in diesem Falle die Einheimischen sind, die einmal live beobachten können, was oder wie AusländerInnen sind.

Wir unsererseits lernen die Einheimischen, die Urbevölkerung am nächsten Tag im Museum kennen, über die Erzählungen unseres Reiseleiters und über die Original-Gegenstände, wie sie im Museum gesammelt und dargeboten werden. Ohne Zweifel ist es ein sehr aufschlussreiches Museum, das schon zu Sowjetzeiten eingerichtet wurde. Mehrere Gebäude zeigen die Bauweise und darin die Alltagsgegenstände, die zur E-wenenkultur gehören. Aber es bleibt eine Ausstellung: Begegnung von Menschen zweier Kulturen beiderseits also eher im Ausstellungsformat. Wir waren die öffentliche live-Ausstellung für die Einheimischen. Sie werden uns über die im Museum konservierte Dokumentation vermittelt. Wir sind für sie ein exotischer Ausschnitt aus einer möglicherweise noch exotischer anmutenden Welt, die sie nur über TV kennen. Sie sind für uns in der Jetztzeit kaum wahrnehmbar, dafür gönnen wir ihnen mehr ein Bedauern, dass die alte Ewenenkultur so gut wie zerstört ist. Wir betrachten im Museum, was es an Ewenenkultur heute fast nicht mehr gibt.

Am Ende kaufen wir uns Andenken dieser Kultur als Mitbringsel oder Erinnerung für zu Hause, in der Hoffnung, damit vielleicht den einen oder anderen Splitter alter Kultur der Ewenen in die Jetztzeit hinüber zu retten oder diesen Menschen heute beim Überleben zu helfen.

Dabei fällt mir die Notiz im Reiseführer ein:

"Der Bystrinskij-Naturpark
Dieser Naturpark im Nordwesten des Verwaltungsgebietes Kamtschatkas ist mit 1 333 000 Hektar das weitaus größte Schutzgebiet der gesamten Halbinsel. Der Park beinhaltet einige der interessantesten Gebirge, Birkenwälder und Tundralandschaften Kamtschatkas. Die beiden im Park liegenden Siedlungen Anavgaj und Esso werden häufig von Touristen besucht, da hier die Traditionen der Volksgruppen der Evenen

und Itenmenen gepflegt und gelebt werden. Bei ihren traditionellen Gesängen, Tänzen oder unterhaltsamen Aufführungen dreht sich alles um die wilden Tiere, die reichen Naturschätze, das Leben in der Tundra und die Rentierherden. Das Alltagsleben ist während der 70 Jahre Sowjetunion zwangsweise an das der Russen angepasst worden. Inzwischen versuchen die Volksgruppen wieder verstärkt, die eigenen kulturellen Wurzeln und Werte zu finden und die alten Traditionen aufleben zu lassen." (9)

Das klingt in einem anderen Reisebuch schon etwas anders:

"... Die Ewenen waren kurz vor Mitte des 19. Jahrhunderts in Zentral-Kamtschatka eingewandert. Aus bis heute noch nicht vollständig geklärten Gründen hatten die Hirten ihre Heimat an der Ochotskischen Küste verlassen und sich auf den weiten Weg um die Penshina-Bucht herum auf die Halbinsel begeben. Als Späteinwanderer standen sie in der sozialen Hierarchie weit unter den Korjaken, führten ein ärmliches Leben am Existenzminimum und mussten ihr Rentierfleisch zu deutlich niedrigeren Preisen als jene an die Russen verkaufen. Gegenwärtig leben nur noch etwa 1500 Ewenen auf Kamtschatka, die meisten von ihnen im Dorf Anafgai, das 15 Kilometer von Esso entfernt liegt. Esso und Anafgai liegen beide an der langen Straße, die von Petropawlowsk aus nach Norden führt. Sie profitieren seit einigen Jahren vom wachsenden Tourismus, der auch für den schmaleren Geldbeutel auf dieser Route noch erschwinglich ist. Im Sommer werden Reittouren und geführte Wanderungen angeboten; kurze Flüge mit dem Hubschrauber bringen die Reisenden zu den höchsten Vulkanen. Im Winter herrschen geradezu ideale Bedingungen für Skilangläufer. Diese Veränderungen haben zumindest in Esso zu einem bescheidenen Wohlstand geführt, der im Vergleich zu den anderen Dörfern Kamtschatkas sogleich ins Auge fällt." (10)

Mein eigener Eindruck bestätigt das Gelesene: Esso kommt mir wie ein schmucker kleiner Ort vor. Es gibt Läden, die Häuser sind fast alle heil, meist die Idealvorstellung von russischem Holzhaus, davor blühen bunte Blumen im Garten und wachsen vielfältige Gemüse zur Eigenversorgung. Es scheint den Menschen gut zu gehen.

Mir kommen allerdings Zweifel an meinen äußeren Augen-Eindrücken und am Gelesenen, wenn ich die Projekte des Vereins Pro Sibiria mit in meine Einschätzung einschließe.

Pro Sibiria weiß von einem Drittel indigener Ethnien im 2.200 Seelen zählenden Esso, im Nachbarort Anawgai sind es 90 % der 300 Einwohner. 130 Menschen in Anawgai leben von Fischen, Jagen und Rentier-Hüten außerhalb des Ortes.
Die Ewenen (ein Volk von ca. 18.000 Personen) sind in Kamtschatka mit 1.500 Men-

schen vertreten, 900 davon hier im Bystrinski-Bezirk. Rentiere lieferten ihnen einst voll und ganz ihre Nahrung, ihre Kleidung, die Bausteine für ihre Behausung und Transportmöglichkeit. Der Kommunismus gab ihnen mit der Schaffung kollektiver Großbetriebe und der Einstellung von Ewenen als Angestellte oder Arbeiter ein gesichertes Einkommen, aber ließ sie zugleich ihre traditionellen Fähigkeiten für Überlebenszwecke vergessen. Kulturpflege wurde zur Freizeitbeschäftigung.

Als die Sowjetunion zerbrach, waren sie dem Konkurrenzkampf der neuen Marktwirtschaft individuell nicht gewachsen, sie wurden arbeitslos.

2002 ergriff Natalja Kirjakowna Kutschwenko, eine 37jährige Ewenin aus Anawgai, die Initiative und gründete eine Nähwerkstatt, um arbeitslosen Frauen des Ortes mit selbst genähten Leder- und Pelzwaren zu Verdienst zu verhelfen. Sie hatte selbst siebzehn Jahre in der Sowjetzeit mit Rentieren gearbeitet. Die Werkstatt ist die ehemalige Badeanstalt der Sowchose, wo sie keine Miete an die Gemeinde zahlen muss.

Immer mehr Frauen finden sich hier ein und sehen eine Chance für sich. Inzwischen haben auch einige junge Männer das Schnitzhandwerk (wieder) von einer Künstlerin aus Esso gelernt. Pro Sibiria unterstützt den Aufbau der Werkstatt finanziell. Die produzierten Waren werden lokal verkauft (so Jurtenbedeckungen) oder an Touristen. (11)

Wenn der bescheidene Wohlstand aus Bedienung des Tourismus kommt, wenn er zudem nur dadurch möglich ist, dass die Produktion erst durch Spendengelder von wohl meinenden Menschen aus fernen reichen Ländern in Gang kommen kann, dann kommen mir Zweifel am Wohlergehen der einheimischen Menschen jetzt, nach der Sowjetzeit.

Klaus Scherer berichtet in seinem Buch (12) zwar nicht von Esso und Anawgai, aber von Komran, einem inzwischen völlig abgeschnittenen Ort im Nordwesten von Kamtschatka, dass es dem Ort mit Kolchose früher besser ging. Dort hatten damals alle Arbeit, der Milchbetrieb nützte der Ernährung der Menschen in der Umgebung, es wurden sogar Kartoffeln produziert. Als die Kolchose geschlossen wurde, kam die Arbeitslosigkeit. Nicht einmal zum Fischen wurden mit den sogenannten Reformen die benötigten Lizenzen vergeben. In Kowrans Schule werde kein Physik und Chemie mehr unterrichtet, Kenntnisse, die für Fischindustrie aber gebraucht würden.

Klaus Scherer hat sich mit einer betroffenen Familie unterhalten und erfuhr dort, dass der Kommunismus ihnen ihre alten Fähigkeiten geraubt habe. Doch zu der Zeit hatte die Schule des Ortes noch zehn Jahrgänge, es gab ein Krankenhaus und ein Diesel-Heizwerk. Eine der besten Lehrerinnen habe jetzt zu trinken begonnen.

An Esso lobt Klaus Scherer, dass die heißen Quellen und der Unternehmergeist einzelner es zur Vorzeigegemeinde habe werden lassen. Natalia Sawtschenko organisiere ein Tourismusunternehmen – vom Hotel, über Touren bis zum Hubschrauberlandeplatz. (13)

Natalia Sawtschenko habe das Prinzip einer Unternehmerin verstanden und habe sich in einem touristisch interessanten Gebiet nieder gelassen. Sie werde ihren Weg gehen und machen.

Andere Eigeninitiativen, wie die von Natalja Kirjakowna Kutscherenko, bedürfen der westlichen Spendengelder, damit sie Bestand haben können. Diese Natalja hat sich zur Aufgabe gemacht, anderen Menschen Arbeit zu verschaffen, nicht nur selber gut über die Runden zu kommen.

Die meisten Menschen sind keine Natalias und keine Nataljas; sie bedauern, dass die ursprüngliche gute Versorgung nicht mehr da ist. Sie stehen hilflos oder unbeholfen der neu aufgekommenen Ellenbogengesellschaft gegenüber. Ihre Verzweiflung ersäufen so manche im Alkohol.

Die Hilflosesten sehe ich nicht bei meinem Besuch in Esso und auch nicht in ganz Kamtschatka, die Kinder. Beziehungsweise ich sehe schon Kinder. Das sind die niedlichen, runden, für mich fremd aussehenden Gesichter, mit den großen Augen und drollig-hübsch angezogen, die Mädchen mit Rüschen in viel Rosa. Ich erfahre, dass die meisten Kinder, jetzt, in ihren Schul-Sommerferien, mit ihren Eltern außerhalb des Ortes sind, wo sie das Jahr über gewöhnlich wohnen. Im Sommer versuchen die Eltern zu jagen und zu fischen, was sie als Vorrat an Lebensmitteln im Winter benötigen. Doch das scheint nicht zu reichen und / oder nicht alle gehen überhaupt in die Wildnis um ihre Ernährung zu sichern. Die meisten Kinder sehe ich also gar nicht und wie sie leben sehe ich erst recht nicht.

Pro Sibiria fördert in Esso, dieser "schmucken Vorzeigegemeinde", eine Schulspeisung und einen Schulgarten zur Selbstversorgung dieser Schulmahlzeiten. Wo Schulmahlzeiten nötig sind um die Ernährung der Kinder zu sichern, kann nicht die Rede davon sein, dass es den Menschen im 3. Jahrtausend gut geht oder dass sie jetzt besser dran sind als im Kommunismus des vorigen Jahrhunderts.

Ich hatte mir vor meiner Reise, angeregt durch einen entsprechenden Hinweis von meinem Reiseveranstalter, Gedanken darüber gemacht, ob ich Spielzeug oder Malutensilien mitnehmen sollte, um es Kindern bei Begegnungen in die Hand zu drücken. In einem mail-Wechsel machte mich mein Reiseleiter aus seiner jahrelangen Begegnung mit den Menschen von Kamtschatka darauf aufmerksam, dass ich damit ein mir fremdes Volk demütigen könnte, obwohl es jede Hilfe vielleicht bitter benötigen würde.

Ich habe Spielsachen mit genommen, gebe sie im Museum ab und komme mir hinterher genauso unsicher und "mies" vor wie vor der Reise.

Im Museum lerne ich, wie die Ewenen sich vor der Sowjetzeit ernährten, wie sie lebten. Die Kenntnisse über diese Lebensweise wurden eher mehr als weniger in der Sowjetzeit zunichte gemacht. Es fällt mir schwer zu glauben, dass eine Wiederbelebung dieser Lebensweise für die Urbevölkerung heute vorteilhaft sein sollte. De facto, wer Erfolg hat wie Natalia, bedient sich kapitalistischer Methoden, kämpft unternehmerisch als einzelne und macht sich günstige Bedingungen zu Nutze. Wer irgendwie überleben will, nutzt die traditionelle Kultur, um sie an die zu verkaufen, die diese Kultur überhaupt noch irgendwie interessiert, die Touristen, die gern einen ursprünglichen Tanz beobachten, ein altes Lied hören oder einen schönen selbst fabrizierten Gegenstand zur Erinnerung an ihre Reise mit nach Hause nehmen möchten, bestenfalls auch noch ihr Gewissen beruhigen, damit einem armen Menschen beim Überleben geholfen zu haben. Aber für die Mehrheit der indigenen Bevölkerung kann eine Wiederbelebung ihrer Kultur, die beschränkt ist auf Vorführung und Verkauf an Touristen keine Lebensgrundlage bedeuten. Eine Rückkehr zu Sozialismus steht nicht an. Wie sie im harten Konkurrenzkampf des Kapitalismus ihren Weg finden können, vermag ich nicht einzuschätzen. Ich sehe nur unglaublich viele, die mit Alkohol diese Frage verdrängen und in Elend versinken.

Ich freue mich schließlich sogar, dass wir keine Vorführung einer indigenen Tanzgruppe geboten bekommen, wie das ursprünglich im Reisekatalog in Aussicht gestellt worden war. Die Tänzer und Tänzerinnen sind dabei, sich mit Wintervorrat an Nahrungsmitteln einzudecken. Und ich brauche nicht, im Hinterkopf all das Wissen um ihre Notlösung, eine "schöne" Tanzvorführung anzusehen. Sie würden nur die Widersprüche kaschieren, die in diesen Menschen ringen: Was ist meine Kultur? Was ist meine Lebensweise? Wie kann ich überleben? Was kann ich meinen Kindern als Lebensweisheit vermitteln? Was kann ich ihnen überhaupt geben?

Unser Bus steht nach unserem Museumsbesuch noch nicht bereit zur Weiterfahrt da. Wir müssen eine unbestimmte Zeit auf ihn warten. Wir werden von einer geschäftstüchtigen Frau angesprochen, die nicht indigen sondern russisch wirkt. Sie will uns unbedingt zu einer weiteren Frau führen, die einheimische Produkte herstellt und an Touristen verkauft, ganz billig... Wir haben zu wenig Zeit, um indigene Kunst nun auch noch als Billigware zu kaufen...

Keine bärenstarke Rafting-Tour

Von Esso aus fahren wir wieder über Milkovo zum Fluss Bystraja, auf dem wir uns in Rafting-Booten treiben lassen wollen.

Nach Milkovo liegt die Straße mehr oder weniger auf einer flacheren Hochebene, wir überblicken Birkenwälder, sehen am östlichen Horizont hohe Berge. Es gibt auch viele Wildblumen, immer wieder das Weideröschen. Es ist die Nationalblume Alaskas. Das Weideröschen ist in nördlichen Regionen wie hier in Kamtschatka, in Kanada oder in Alaska eine natürliche Jahreszeitenuhr. Die Blüten sitzen wie an einer Traube und blühen der Reihe nach auf, von unten nach oben auf. Die unterste Blüte markiert den Beginn des Sommers, die letzte oben sein Ende, alles in kürzester Zeit, von Ende Juni bis Ende August.

Wir zelten wieder an einem Fluss. Unsere Zelte stehen auf niedrigem Gras, aber unsere Toilettengänge führen uns, wie am Vorabend schon, in mannshohes Gras und Gebüsch. Wenn gegen Abend die Feuchtigkeit kommt und erst recht mit dem Morgentau, ist ein Toilettengang eine feuchte Angelegenheit. Aber es ist genügend Holz für ein wärmendes Feuer am Abend vorhanden.

Am Morgen trifft unsere Begleitmannschaft mit den aufblasbaren Booten ein. Wir reduzieren unser Gepäck, verpacken es wasserdicht – in professionelle Seesäcke oder in doppelte Müllsäcke. Gewarnt, wie kalt es werden kann, halten wir regendichte Hose, Mütze, Schal und Handschuhe bereit. Das sonnige Wetter lässt uns ein wärmendes Kleidungsstück nach dem anderen ablegen und schließlich sonnen wir uns, die Beine über den Bootsrand baumelnd.

"Kein Weg führt durch das Gebirge, nur der Flusslauf schlängelt sich durch diese Wildnis. Mit der russischen Begleitmannschaft setzen Sie auf der Bystraja ein und treiben flussabwärts. Von den Schlauchbooten aus erleben Sie die vorbeiziehende Landschaft: dichte Wälder, glasklare Flüsse, unzählige Lachse auf der Wanderung zu ihren Laichgründen. Mit etwas Glück bekommen Sie Kamtschatkas Braunbär und den Riesenseeadler zu Gesicht, die jeweils zu den Größten der Welt gehören. Unsere Camps bauen Sie draußen in der Wildnis auf."

So hatte das Reiseunternehmen (14) diesen Teil der Tour angekündigt. Wir fahren an einem Sonntag los, zahllose russische Wochenendausflügler beggnen uns. Die einen stehen in Anglerkluft im niedrigen Wasser des Flusses und werfen ihre Angeln aus. Eine

Gruppe von Tauchern steckt den Kopf unter Wasser, mehr schnorchelnd als tief tauchend. Am Ufer stehen Zelte, viele PKW's oder allradangetriebene größere Wagen. Musik erklingt laut. Lachen und Unterhaltung dröhnen über das Wasser zu uns. – Ich frage mich, wie die alle hierher gekommen sind, wenn es keinen Weg durch das Gebirge gibt. Und dann merke ich, wie unlogisch ich der Werbung wortwörtlich geglaubt habe: Wenn kein Weg durch das Gebirge führt, kämen wir ebenfalls nicht an den Startpunkt und könnten am Ende nicht vom Bus abgeholt werden. Tatsächlich sind die Routen am 2. und 3. Tag einsamer, sei es, weil es Wochentage sind, sei es, dass dort wirklich keine Autos mehr direkt an den Fluss kommen können. Am ersten Tag unserer Raftingtour verstehe ich jedenfalls gut, dass sich uns angesichts der fröhlich-lautlärmenden Sonntagsausflügler keine Bären zeigen.

Das Panorama ist herrlich. Hinter uns lassen wir hohe Vulkane. Zunehmend steigen die Berge rechts und links vom Fluss direkt an, sind bewaldet, aufgelockert mit einer bunt blühenden Blumenvielfalt. Unser Nachtlager schlagen wir an der Einmündung eines Nebenflusses, auf einem hoch gelegenen Plateau auf, wieder inmitten hoch gewachsener Pflanzen. Weil ich mir so verschwitzt und dreckig vorkomme, wage ich ein Bad im Fluss: Er ist so eisig, dass ich kaum minutenlang darin verweile, nur eintauche und schleunigst wieder – mit eiskalten Füßen – ans Ufer zurück gehe.

Am zweiten Tag ist uns der Wettergott nicht mehr hold. Bald schon am Morgen beginnt es zu tröpfeln, nach der Mittagspause regnet es Bindfäden. Zum Zeltaufbau am Spätnachmittag wird uns eine Regenpause gegönnt, um danach jeden Aufenthalt im Freien zu unterbinden: Es stürmt und gießt in Strömen. Mit dem Regen auf der Bootsfahrt gehen wir verschieden um. Die Leute in den einen Boot haben auch für innere Feuchtigkeit gesorgt und Bier oder Wein konsumiert, was zu lautstark geäußertem Humor führt. Im anderen Boot ist es still, jeder friert vor sich hin; einige ärgern sich, dass vielleicht nicht nur der Regen die Bären fern hält sondern vermutlich auch die Lautstärke im anderen Boot. Ich gehöre zu den Stillen und teste die Atmungsfähigkeit und Wasserundurchlässigkeit der Trekking-Bekleidung. Ich bin bei Ankunft durch und durch nass, ziehe mich einmal ganz um und scheue schon den Gang durch fortgesetzten Regen vom Schlafzelt zum Küchenzelt.

Dort quetschen sich alle auf engstem Raum. Wer Pech hat, steht oder sitzt am Eingang, wo der kaputte Reißverschluss den Regen eindringen lässt. Erst in meinem Schlafsack finde ich es – mit warmen Socken an den Füßen – kuschelig und gemütlich. Ich mümmele mich bis auf das Gesicht ganz ein. Und finde es gemein, dass ich obendrein zu der windig-kalt-nassen Welt draußen im Zelt dann noch von einer Mücke an Kinn und Hand gepiekst werde – meinen einzigen exponierten Körperteilen.

Nachts werde ich immer wieder wach, weil ein lauter Sturm aufgekommen ist. Der Wind zerrt am Zelt, rüttelt die Zeltwände hin und her. Der Regen prasselt auf das Zeltdach. Das Zelt hält und wird nicht unterspült. Ich fasse immer wieder in die Ecken und an die Wände, es sammelt sich nur wenig Kondenswasser am Fußendenwinkel. Wenn der Sturm etwas nachlässt, ist stattdessen das Tosen des Flusses zu hören.

Am Morgen ist es immer noch windig, aber ein Streifen blauer Himmel zu sehen. Eiligst hänge ich Regenhose, Regenjacke und andere nasse Sachen über die umstehenden Büsche und Bäume. Tatsächlich trocknet der Wind die Sachen schnell, gerade rechtzeitig bevor es erneut zu regnen beginnt. Es bleibt bei einem Guss, so dass wir den dritten und letzten Rafting-Tag ohne Kälte und Nässe genießen können.

Die Umgebung wird flacher, hie und da gibt es Felsen. Das Grün des Ufers stimmt optimistisch. Dann und wann erkennt unser Reiseleiter einen Vogel – für mich fliegt er zu schnell von dannen als dass ich ihn mehr als schemenhaft wahrnehmen könnte. Ein

Kuckuck ist dabei. Auf dem zweiten Boot wird tüchtig geangelt – und jeder Fang hoch leben gelassen. Wir sehen keine Bären. Es kommen wieder Stromschnellen, die auf mich nicht gefährlich wirken, es ist mehr ein großer Spaß hindurch zu gleiten und gespannt zu sein, ob Wasser hoch spritzen und meine Hose nass machen würde.

Wir beenden die Bootstour an einer alten abgebrochenen Eisenbrücke aus dem 1. Weltkrieg. Dort werden wir schon erwartet. Wir bauen unsere nassen Zelte zum Trocknen auf, essen zu Mittag und haben Muße in der Sonne zu liegen. Erwartet werden wir von Tausenden von Mücken. Nur wer ständig in Bewegung ist und weitestgehend alle Körperteile mit Kleidung bedeckt hält, hat eine Chance nicht von diesen Tierchen besetzt zu werden.

Ich lerne beim Hin- und Hergehen eine Gruppe von Tauchern aus Perm kennen. Mit Hilfe ihrer (einzigen weiblichen) Begleiterin, die für mich auf Englisch dolmetscht, erfahre ich einiges über das doch recht bequeme Leben von studierten russischen Mittelschichtlern, denen es vor wie nach der Perestroika nicht schlecht ging und geht. Trotz ernster Gespräche über Lebensstandard und Armutsgrenze in Russland und im Vergleich in Deutschland lachen wir viel miteinander, schäkern und erleben Leichtigkeit im Miteinander.

Ich treffe auf Valerie, der schon zur Sowjetzeit als Seemann viel durch die (ausländische) Welt gekommen ist. Jetzt ist er Touristenführer. Eigentlich wäre er schon im Altersruhestand, aber sein Seemannsenglisch kommt ihm zugute und er hat noch eine neue Familie gegründet, mit einer zwei mal jüngeren Frau, der dritten in seinem Leben, und zwei Kindern im Kleinkind-Alter. Da bietet es sich an, zur Rente noch dazu zu verdienen, zumal ihm seine Arbeit als tour guide richtig Spaß macht, bleibt ihm so doch erhalten, was er schon als Seemann hatte: Kontakte mit Menschen aus aller Welt.
Als ein paar Stunden später unser Bus uns wieder einlädt, sind wir erleichtert, von den kleinen Quälgeistern fort zu kommen. Es geht durch Moorlandschaft mit vielen knorrigen Steineichen, braun gefärbtem Wasser in Tümpeln und Gräben. Ich genieße, wie das Moosröschen im Halbstadium des Sommers blüht, genieße den Ausblick auf Berge, genieße die Weite der unbewohnten Landschaft hier.

Frauen im Alter

Die Zivilisation hat uns wieder – und selten habe ich sie so begrüßt, wollte ich doch eigentlich lieber ein Naturmensch sein!

Wir sind im Paratunkatal in einem Hotel unter gekommen und nutzen alles aus um unsere nassen Sachen zu trocknen (von Isomatte über Schlafsack, Kleidung bis zu Rucksäcken). Wir waschen, was allzu schmutzig geworden ist. Die Heizungsrohre im Bad mit dem Heißwasser aus den Thermalquellen helfen beim Trocknen. Uns selber gönnen wir es, erst lange im Thermal-Schwimmbad einzuweichen, dann Haare zu waschen und lange unter der heiße Dusche zu stehen, das Wasser an uns herunter fließen zu lassen. Was für ein kostbarer Schatz Wasser doch sein kann! Erfrischend, reinigend und labend!

Die Olympischen Spiele in China haben begonnen – mir ist es (wie sonst nie) reichlich egal, was in der Welt geschieht. Ich habe mit den einfachsten (Über-) Lebensaufgaben zu tun: sicher von A nach B zu kommen, eine Mahlzeit zu haben, genügend Wasser zu trinken, sauber und trocken zu bleiben um nicht krank zu werden. Dabei weiß ich um die Begrenztheit und Sicherheit meiner Erfahrung – das Abenteuer ist für mich Luxus. Weder lebe ich hier und jetzt auf Dauer, noch erfahre ich die vergangenen Überlebenssorgen wie beispielsweise Kriegsgefangene und mein Vater sie hatten.

In Paratunka kaufen wir wieder ein für die nächste Runde in der Wildnis. Zwei Läden und einen Marktstand suchen wir auf. Ich versuche mir vorzustellen, wie das Konsumangebot zu sowjetischen Zeiten ausgesehen haben mag. Jetzt fallen mir alle westlichen Marken auf, eine Gefriertruhe mit Tiefkühl-Erbsen ebenso wie mit Fertiggerichten. Am Marktstand gibt es einheimisches Obst und Gemüse.

Egal ob am Markstand als Verkäuferin oder auf der anderen Seite als Kundin, es sind alte Frauen, die das Bild dominieren. Frauen sind dafür verantwortlich, das Essen für die Familie oder sich allein zu besorgen. Vereinzelt tauchen Männer auf, scheinen mit ihrem Einkauf zu den Familien-Mahlzeiten nur mit Brot beizutragen.
Es sind die alten Frauen, die mir am meisten auffallen.

In Russland ist die Geburtenrate gesunken: 1990 waren es 13,4 Geburten auf 1000 Einwohner, 2001 nur noch 9,1 Geburten. Die Sterbefälle hingegen haben zugenommen, 1990 waren es 11,2, 2001 15,6 Sterbefälle auf 1000 Einwohner.
Zum Teil ist diese aktuelle Situation noch auf den 2. Weltkrieg zurück zu führen. Seien

es 20 Mio. Tote (die Zahl, die als niedrigste in wissenschaftlichen Beiträgen angegeben wird) oder 27 Mio. (die höchste Annahme), diese Generation fiel als Eltern in hohem Maße aus. Doch zur aktuellen Situation trägt auch die sozioökonomische Lage im nachkommunistischen Russland bei: Die gesicherte Grundversorgung der vorherigen Zeit ist passé, das ermuntert kaum, Kinder in diese Welt zu setzen, weshalb ich hier eher Alte sehe. (15)

Die Lebenserwartung in Russland ist gesunken. 1988 betrug sie für Frauen 74,4, 1994 lag sie bei 71,1 und 2004 bei 72,2. Bei Männern ist die Situation noch gravierender: 1968 konnten sie im Durchschnitt 64,8 Jahre alt werden, 1994 57,3 und 2004 waren es 59,8 Jahre.
Hauptursache für den frühen Tod und damit die Lebenserwartung ist die ungesunde Lebensweise. Die Mehrheit der Menschen in Russland (57%) stirbt an diversen Herzkrankheiten, die auf Alkohol oder Tabakrauchen zurück zu führen sind und ebenso auf Verkehrsunfälle, Selbstmord und Mord. Neuerdings sind Drogenkonsum, Tuberkulose und HIV hinzu gekommen. (16)

Diese Angaben sprechen eine deutliche Sprache: Die Menschen in Russland leben heute schlechter als im Kommunismus, als sie mit Grundnahrungsmitteln hinreichend und vor allem billig versorgt wurden. Heute dienen Alkohol, Zigaretten und Drogen dazu, Gefühle von Existenzangst zu betäuben. Tuberkulose ist eine typische Armen-Krankheit, die bei gesunden Lebensmöglichkeiten wie in der heutigen Bundesrepublik vollständig ausgerottet sein soll.

Nehme ich die Abwanderung von Arbeitsfähigen (v.a. jungen Männern) aus den abgelegenen Regionen Russlands (Nord- und Ostsibirien) hinzu, wundert es nicht, dass ich in Kamtschatka vor allem alte Frauen antreffe. Kamtschatka gehörte einmal zu bevorzugten Gebieten wie der Hohe Norden. Der neue russische Staat subventioniert die Randgebiete nicht mehr, d.h. deren günstige Versorgung ist nicht mehr gegeben. Es gibt zwar alles zu kaufen – aber kaum einer kann sich alles leisten. Wer kann, wandert lieber ab. Wer bleibt sind die Alten. Nun müssen diese zurück gebliebenen Menschen ohne staatliche Vergünstigungen und Förderungen leben.

Die Verkäuferinnen in Paratunka wirken auf mich humorvoll, agil, tatkräftig und munter. Die Kundinnen kommen mir eher verarmt und verloren vor.

Ich kann mir hier aus dem Konsumgut alles leisten – einige Mitreisende gönnen sich Schokoladenriegel der bekannten westlichen Marken, andere ziehen die leckeren dicken

Pralinen vor, die in unterschiedlichen Geschmacksrichtungen in Russland hergestellt werden. Doch welche Chance hat eine Russin meines Alters es uns gleich zu tun?

In Russland ist das Rentenalter für Frauen 55, für Männer 60 – ich wäre demnach hier schon in Rente.

Ein Bericht von N-TV (17) über eine Kollegin von mir, eine Russischlehrerin, zeigt mir, wo ich stände, wenn ich in Russland Lehrerin wäre und mit 55 in Rente ginge. Marina Alexejewna liebt Natur wie ich und arbeitet gern im eigenen Garten wie ich. Sie züchtet seit ihrer Pensionierung rote Dahlien, gelbe Lilien oder weiße Pfingstrosen. Alle zwei Wochen bringt die schon etwas kränkelnde Frau (sie ist 2008 64 Jahre alt) ihre Blumen in die Hauptstadt um sie im Zentrum zu verkaufen. Es gibt etwa 30 Mio. RentnerInnen in Russland und wenn sie nicht in Armut leben wollen (oder schlicht überleben wollen), arbeiten sie weiter. 35 % aller RentnerInnen sind erwerbstätig – doppelt so viele wie in Westeuropa. Sie verkaufen eigene Äpfel, eingelegtes Gemüse, selbst gestrickte Socken in den städtischen Zentren. In Kamtschatka habe ich auf dem Lande all die Gärten mit Kartoffeln, Zwiebeln und Kohl gesehen. An Marktständen in größeren Orten sehe ich den Verkauf, selbst von Beeren, die in der Natur gepflückt wurden.

Im Vergleich zum Kommunismus haben sich die Verhältnisse umgekehrt: Früher wurden Arbeitsplätze an der Peripherie der Sowjetunion gefördert – heute wird die Rente der Alten in der Hauptstadt Moskau aufgestockt. Dadurch dass im Kommunismus alle Arbeit hatten und arbeiten mussten, "leisteten" sich viele Familien ihre Babuschka, ihre Oma für Haushaltstätigkeiten und Kinderbetreuung. Heutzutage, mit höherer Arbeitslosigkeit können Familien ihre Alten ebenso wenig mit beherbergen und versorgen wie sich selbst. Die höhere Rente in Moskau wird von höheren Preisen und Inflation geschluckt. Das Grundnahrungsmittel russischer RentnerInnen ist der Haferbrei geworden.

Im Kommunismus führten alte Menschen ebenfalls kein Luxusleben. Die Library of Congress / USA ist bestimmt nicht Sowjet-freundlich und konstatiert, dass es 1987 56,8 Mio. RentnerInnen gab und davon 40,5 Mio. ihre volle Rente bezogen. Diese war nicht hoch, sie lag um das inoffizielle Existenzminimum von 70 Rubel herum, ca. ein Viertel der Renten lag sogar weit darunter. Deshalb arbeiteten auch im Kommunismus RentnerInnen oft weiter, z.B. als Garderobefrauen im staatlichen Theater.

Die Library of Congress führt aber an, dass zusätzlich zu Lohn, Gehalt oder Rente die niedrigen Preise von Lebensmitteln, Transport und Wohnung ein (Über-)Leben erleichterten, weil sie staatlich subventioniert wurden.

RenterInnen, Kriegsveteranen, Behinderte, Opfer der Unterdrückung in der Sowjetunion, Tschernobyl-AufräumerInnen, Überlebende der Leningrad-Belagerung – alle diese Menschen machen heute fast 27 % der Bevölkerung aus. Bislang erhielten sie zusätzlich zu Geldleistungen auch Sachleistungen im heutigen Russland. Sie hatten Anspruch auf freie Nutzung des öffentlichen Nahverkehrs, öffentliche Versorgungsleistungen, Telefon, medizinische Betreuung, auf kostenlose Kuraufenthalte, Prothesen und Rollstühle.

All dies sah Putin 2004 vor zu streichen. An Stelle von Sachleistungen soll eine monatliche finanzielle Entschädigung treten, umgerechnet zwischen 8 und 44 €, zusätzlich zur durchschnittlichen Rente von umgerechnet 42 € im Monat durchschnittlich im Jahre 2002. Die Beträge sind niedrig, werden mit der Zeit von der Inflation gefressen. Zudem kommt dieses Sozialpaket nicht von der Zentralregierung, sondern soll in den Verantwortungsbereich von unterschiedlich reichen bzw. armen Provinzen gelegt werden. (18)

Mit diesem Wissen über russische Frauen meines Alters fällt es mir beim Anblick der gleichaltrigen Frauen in Paratunka schwer, meine Gelüste nach Schokolade aus dem Westen importiert zu stillen. Die abgetragenen Kleidung dieser Frauen, ihre gestopften Strümpfe führen mir den Wert meiner Spezialausrüstung für die abenteuerliche Reise - in die stete Heimat dieser Frauen - vor Augen.

Ich bin beschämt, dass ihre alltägliche Lebenswelt für mich ein Ferienspaß, Abenteuer und Luxus ist.

In mir toben widersprüchliche Gefühle: Auch ich habe hart gearbeitet um mir diese Reise zu leisten und habe das Vergnügen verdient. Gerechtigkeit widerfährt den Menschen nicht, wenn sie ebenfalls in kommunistischen Zeiten (und danach) hart arbeiteten und dafür im Kapitalismus zwar mehr Konsumartikel sehen können, aber sich nun kaum noch das Überlebensnotwendige leisten können. Ich schlucke, fühle mich ohnmächtig diese Verhältnisse zu ändern und wähle für mich individuell, mich weiter meinem Vergnügen zu widmen – vielleicht etwas nachdenklicher, mit Sicherheit aber dankbarer, dass es mir vergönnt ist.

Gute Chancen für einen Bären

„Der Juzno-Kamcatskij-Park (Südkamtschatka-Park) ist die Heimat einer kleinen Population von wilden Rentieren, seltenen Schneeschafen, kleinen Säugern wie Murmeltier und Zobel sowie vielen Bären. Besonders in der Nähe der zahlreichen Flüsse und in den Hochstauden erfordert die hohe Bärendichte auch bei erfahrenen Wanderern gewisse Vorsichtsmaßnahmen." (19)

So verheißt mir ein Reiseführer die wirklich wilde Natur, die ich hoffe nun zu sehen.

Die Fahrt von Paratunka hinauf in die Berge ist malerisch. Wir steigen immer höher, haben herrliche Einblicke, Ausblicke und Überblicke auf verschiedenes Grün an den Hängen und auf Schneefelder. Die Straße windet sich allmählich zum Pass hinauf und ich freue mich auf den Super-Ausblick auf alles Zurückliegende und vor uns Liegende. Wir kommen in Nebel und Wolken. Ein feiner Niesel durchnässt die Luft.

Unseren Zeltplatz sehen wir erst, als wir dort anhalten. Wir zelten an einem seichten, munter dahin plätschernden Fluss. Ein paar Sträucher säumen das Ufer – gute Gelegenheiten im Fluss Wäsche zu waschen und im Gesträuch zu trocknen.

Nachmittags wandern wir auf der anderen Seite des Flusses zunächst weiter bergan und erfreuen uns der zahlreichen Blüten in der Tundra, die in allen Farben demonstrieren, dass hier Sommer ist: blaue Iris, rote Tundraröschen, weißes Wollgras. Der Lehmweg windet sich bald wieder bergab, hinunter ins Tal des Asatschaflusses. Wir können vom Hang aus einen Wasserfall sehen, ein Wasserfall wie aus dem Bilderbuch. Der Fluss stürzt tief in die Tiefe, so dass es selbst auf diese Entfernung laut zu hören ist.

Unten im Tal hat ein Alpinistenverein eine Hütte errichtet, gefördert mit EU-Geldern, weil ökologische Aspekte berücksichtigt wurden. Ich sehe schon einen zukünftigen westlich-europäischen Schilderwald vor mir, als ich auf einem Schild eine Art Wanderkarte sehe, die zeigt, wo das Natur-Thermalbad zu finden ist. Der Fußweg dorthin ist auch nicht lehmig-matschig wie unsere Straße auf dem Abstieg, sondern die Sträucher und Bäume wirken ordentlich beschnitten oder beseitigt, so dass die Wanderin leichten Fußes durch die Wildnis schreiten kann. Eine wankende Holzplanken-Hängebrücke durchbricht das ordentliche Muster und weckt in der Touristin das Gefühl wie Tarzan (oder Jane) im Urwald das Abenteuer der Flussüberquerung (mehr ein breiter Bach) zu bewältigen.

Zwei Schlammpfuhle laden zum heißen Bade ein. Ein Unterstand aus Holz ist schon errichtet, in dem Umkleiden möglich ist oder Sachen abgelegt werden können. Hinein ins heiße Nass, Schweiß abwaschen, Einweichen und wenn auch nicht den Dreck so aber das Schmutzgefühl loswerden. Ein wenig schwarzer Schlamm bleibt haften, als ich wieder aus dem Wasser steige.

Weiter oben am Hang ist die Erde heiß, gelb, dampfend – und es gibt eine Einlassung in den Boden, sauber mit Holz gerahmt, das Thermalbecken für die, denen der Schlamm zu viel Natur ist.

Auf dem Rückweg besichtigen wir noch den inzwischen eingebrochenen Stollen am Berghang, wo Geologen einst zu Sowjetzeiten Gesteinsproben entnahmen und untersuchten. Einige Hütten gibt es noch, wo die Arbeit fortgesetzt wird. Zwei Mitarbeiter schenken uns ein paar schöne Steine. Wir hören, dass es nach der Perestroika Streit gab, wer in Nachfolge für den staatlichen Betrieb treten dürfe. Der Wettstreit um das Vorrecht führte dazu, dass sich die beiden möglichen Betreiber gegenseitig die Maschinen zerstörten – diese technischen Ruinen können wir noch sehen.

Selbstverständlich wird der Aufstieg beschwerlicher als der Weg bergab. Es kommt hinzu, dass ich mich nicht einmal abschnittsweise mit den wunderschönen Ausblicken ins Flusstal belohnen kann. Der Niesel-Nebel ist so dicht geworden, dass ich maximal fünf Meter weit sehen kann. Ich stiefele mein stetiges Tempo hoch, hinter einer viel schnelleren Gruppe her und finde mich plötzlich ganz allein wieder. Sofort setze ich ein Lied an, damit der Bär nicht überrascht ist, wenn er mir begegnet. Dann höre ich auch niemanden mehr vor mir oder hinter mir. Ich bleibe stehen und es dauert lange, bis die Gruppe hinter mir mich eingeholt hat. "Allein auf weiter Flur" – diesen Ausdruck verstehe ich jetzt besser.

Der Niesel-Nebel hat meine Jacke und Hose vollkommen feucht gemacht. Auch am abendlichen Lagerfeuer will nichts richtig trocknen. Selbst unter einem Regenponcho kriecht die Feuchtigkeit heimlich weiter hoch. Es gibt hier auf der Tundra auch kein richtiges Brennholz. Dabei wollen wir unbedingt unsere Essensreste und – konserven verbrennen, damit der Bär sich nicht angelockt fühlt. Also gehe ich früh schlafen und versuche mit warmen Bettsocken die feuchte Kälte zu bezwingen. Bald schlafe ich.

Bis etwa 2 Uhr morgens. Bis ich von der anderen Flussseite höre, wie die dort zeltende Reisegruppe den Motor ihres Fahrzeuges anlässt, die Scheinwerfer einschaltet und den Motor immer wieder aufheulen lässt. – Wollen die jetzt, mitten in der Nacht aufbrechen? So schlimm kann doch der Nieselnebel nicht sein.

Bis ich unseren Reiseleiter laut und vernehmlich höre: "Geh weg, Bär!" Nun sind alle wach, pfeifen, klatschen, machen Lärm. Dann sagt Uli nur: "Jetzt könnt ihr wieder schlafen, der Bär ist weiter gezogen." Wenn das mal so einfach wäre! Mir zittern die Knie, mein Herz klopft bis zum Halse. Ich möchte gern wieder einschlafen und vergessen. Aber ich möchte auch wiederum nicht einschlafen, damit der Bär nicht wieder kommt und mich angreift, weil ich nicht wachsam bin.

Am nächsten Morgen erfahren wir, dass der Bär im Zeltlager gegenüber Vorräte aus dem Küchenzelt geklaut und gefressen hat, das Zelt ist kaputt. Als er sich von dort hat vertreiben lassen, hat er den Fluss überquert und ist zu uns gekommen. Dank Ulis Tapferkeit, ihm deutlich den Marsch zu blasen, und natürlich Dank unserer Unterstützung, ins gleiche Rohr zu tönen, ist er hinter drei unserer Zelte am Fluss entlang weiter gegangen, so in etwa in die Richtung, wo wir unsere Toilettenplätze haben.

Was die Information über die Bären anbelangt, kam einer aus unserer Gruppe mit der folgenden Zeitungsmeldung angereist, just vor unserem Abreisetag veröffentlicht."Blutiger Angriff auf der russischen Halbinsel Kamtschatka - 30 Bären zerfleischen zwei Russen.
30 hungrige Bären gingen auf zwei Wächter einer Platinmine auf der russischen Halbinsel Kamtschatka los – sie zerfleischten die Männer, fraßen sie auf!

Das Rudel hatte sich in der Nähe eines Bergwerks auf der am Pazifik gelegenen Halbinsel herumgetrieben.

400 Beschäftigte der zuständigen Minengesellschaft weigern sich nun, in die Bergwerke zurückzukehren – aus Furcht vor den gefährlichen Bären.

Kamtschatka-Bären ähneln den Grizzlybären in den USA, sie werden bis zu drei Meter groß und 700 Kilo schwer!

Zehn weitere von ihnen wurden nach dem Angriff in der Nähe eines Fischerdorfes gesichtet: Die Raubtiere durchstöberten den Müll.

Die Dorfbewohner wollen jetzt einen Trupp von Jägern zusammenstellen und die Bären zur Strecke bringen.

„Diese Raubtiere müssen vernichtet werden", sagte Viktor Leuschkin von der Verwaltung der Fischergemeinde Chailino. „Sobald die Bären einmal einen Menschen getötet haben, tun sie es immer wieder."
Da auf Kamtschatka hemmungslos gewildert wird, bleibt wenig Beute für die Bären: Das trieb sie schon wiederholt dazu, andere Nahrungsquellen zu suchen – zum Beispiel die Abfälle in menschlichen Siedlungen. Angriffe von Bären sind in der dünn besiedelten Region keine Seltenheit". (20)
Wir fühlen uns nach dieser Nacht stark und tapfer – unser Küchenzelt wurde nicht überfallen. Wir hatten uns ja auch vorsorglich verhalten und die Essensvorräte alle in unseren Bus gepackt. Wäre doch schön, den Bären jetzt wirklich auch noch live tagsüber zu sehen!

Es dampft aus allen Ecken

Das Wetter ist am zweiten Tag schlechter als am Abend vorher – obwohl ich mich frage, was schlechter heißen kann, wenn ich vom Niesel-Nebel nass-feuchte Kleidung bekomme, nass-feuchte Haare habe, nass-feucht durch und durch werde, bin und bleibe. Nun, es kommt noch Wind dazu, der gelegentlich den zu leichtem Regen gewordenen Niesel schräg von der Seite an die Stellen von Körper und Kleidung jagt, wo vielleicht noch nichts Nasses angekommen war. Wir entschließen uns, zum Thermalkraftwerk zu fahren, über einen Holperweg, der unseren Bus mal wieder an die Grenzen seiner Leistungsfähigkeit bezüglich Balance halten bringt. Wir können es leider nicht besichtigen, weil die gefragte Person befindet, dass es eben nicht zu besichtigen ist. Wir dürfen nicht einmal über das Gelände auf direktem Weg zu den dahinter liegenden Geysiren gehen. Vielleicht wird Werksspionage befürchtet. – Wir gehen auf dem Rückweg über das Werksgelände, denn auf der anderen Seite gibt es keinen Wachtposten, der uns davon abhalten kann. Und von dem Wachtposten, der uns auf dem Hinweg abwies, werden wir nun freundlich gegrüßt und ohne irgendwelche Durchsuchungen oder Befragungen durch gelassen.

Das Thermalkraftwerk ist mit Hilfe isländischer Fachkräfte gebaut worden. In Island ist ein derartiges Thermalkraftwerk zur Besichtigung frei gegeben. Touristen können es gegen Bezahlung besichtigen und die ganze Technik wird haarklein erklärt.

Es gibt auf dem Gelände ein Hotel-artiges Gebäude, in dem Mitarbeiter untergebracht und mit hervorragendem Essen versorgt werden, die hier mit einem befristeten Vertrag für gutes Geld arbeiten. Für ein Thermalbad hat ja schon die Natur gesorgt. Aber andere Unterhaltung oder Abwechslung gibt es in dieser Einöde nicht.

Wir müssen also über eine sumpfige Wiese, über einen Bach, einen lehmigen grasbewachsenen Hügel hinauf, um das Kraftwerk herum, wieder auf lehmigen Pfaden bergab und wieder bergan laufen um zu den kleinen Geysiren zu gelangen. Ich trage Regenkleidung von Kopf bis Fuß und zusätzlich Gamaschen um die Wanderschuhe vor Nässe zu schützen. Am Ende weiß ich nicht einmal woher die Nässe kam: vom Himmel der Regen und Nebel? vom nassen Gras auf dem Boden? Vom Schwitzen bei der Anstrengung auf weglosem Gelände, das doch schon viele Menschen gelaufen sind und dessen glatt gewordene erdige Oberfläche vom Regen durchnässt und rutschig ist? Oder weil ich beim Abstieg auf dem lehmig-glitschigen Grund ausgleite und ein paar Meter auf meinem Hosenboden vorwärts rutsche, bis ich in meterhohen Grünpflanzen lande, die mich davor bewahren, den ganzen Steilhang hinunter zu segeln?

Oder weil wir schließlich über heiße Fumarolen gebeugt stehen? Ein kleines Feld in ocker und grauer und weißer, ja selbst roter und bläulicher Farbe tut sich vor uns auf. Aus Löchern, Nischen und Ecken im Fels und Boden steigt Dampf auf, schweflige Luft, kleine Sprudel. Es ist warm und heiß und nicht zum Anfassen. Die heiße Gischt mischt sich mit den ziehenden Nebelschwaden und manchmal mit dem vom Wind von der Seite peitschenden leichten Regen.

Bärentheater, 2. Akt

Wir sorgen am Abend besonders gut vor: Wir suchen Holz für ein Feuer, wo gar kein Holz wächst. Also nehmen wir die Kommode auseinander, die irgendjemand einmal als Sperrmüll am Fluss zurück gelassen hat. So können wir verbrennen, was dem Bären Essensduft in die Nase wehen könnte. Wir räumen das Küchenzelt von allen Lebensmitteln frei. Das Zelt schalten wir auf "durchgehend geöffnet", d.h. die beiden gegenüber liegenden Eingänge sind weit offen. Obendrein bleiben ein paar Tapfere länger wach, wobei sie sich den langen Abend mit Bier verkürzen. – Doch wozu all die Mühe: Wir haben einen Reiseleiter, der seit fast 20 Jahren Kamtschatka bereist, wochenlang allein in der Wildnis gelebt hat und den Bären schon begegnet ist. In einer anderen Reisegruppe hat er auch schon einen Bären vom Lager vertrieben. Und vorige Nacht hatte er mit seiner Wachsamkeit den Bären schließlich davon gejagt.

Ich gehe früh ins Bett um noch im Hellen alles zurecht zu legen, was ich vielleicht nachts benötige. Meine Zeltpartnerin hat auch die Pfeife an ihrem Rucksack griffbereit. Als sie schlafen kommt, erzählt sie, dass Menschen, die in dem Thermalbad gebadet haben, wo auch wir am Vortag waren, genauso wie wir ihre Kleidung abgelegt und ins Wasser gegangen waren. Dann kam ein Bär, vergriff sich an den Sachen und zerfetzte einen Reisepass, vermutlich verärgert, dass es nichts Essbares gab. Der Passbesitzer sah aus wenigen Metern Entfernung zu, nackt im Teiche sitzend.

Ich schlief nicht schlecht, wurde aber doch ein paar Mal wach. Einmal meinte ich etwas an meiner Zeltwand vorbei streifen zu hören. Aber vielleicht täuschte ich mich auch, denn der Wind strich durch die Sträucher und zwischen den Zelten, der Regen schlug gegen die Zeltwand. Ein anderes Mal meinte ich Dosenklappern zu hören. Hatten die Jungs beim Biertrinken nicht mehr aufgeräumt? Spielte der Wind mit den Dosen? Vorsichtshalber rief ich "Uli, der Bär!" Aber Uli reagierte nicht und ich schämte mich wegen meiner ängstlichen Fehlmeldung. Er war der Fachmann in Sachen Bären bei Nacht. Ich hatte wohl blinden Alarm gegeben. Kurz darauf allerdings hörte ich jemand anders aus der Gruppe auf seiner Trillerpfeife pfeifen. Einmal. Es wurde kein Konzert daraus. Also hatte auch er sich geirrt, wenigstens war ich nicht allein so nervös und unwissend.

Am Morgen hatte unser Küchenzelt zwei Risse. Ein verärgerter Bär war vom Duft ausgetrunkener Bierdosen angezogen worden, an meiner Seite an meinem Zelt entlang zum Küchenzelt gelaufen, hatte die Dosen untersucht und dabei wohl tollpatschig die Zeltwand eingerissen. Wir rekonstruierten fünf Bärengänge insgesamt; auch die gegenüber zeltende Gruppe hatte etwas mit bekommen.

Nun war für mich die Romantik der Wildnis vorbei. Ich verspürte Angst pur. Wie lautete die Warnung im Reiseführer?

"... Nur dann, und wirklich nur dann, wenn ein Bär wirklich körperlich angreift, soll man sich mit dem Bauch auf den Boden legen und Hals und Gesicht schützen. Man sollte versuchen diese Position auch dann wieder einzunehmen, wenn der Bär einen mit seinen Pfoten umdreht..." (21)

Ich liege im Zelt schon flach! Außerdem noch eingemümmelt in einen Schlafsack, der mich bewegungsunfähig macht! Was wäre denn, wenn der Bär, wie bei den Bierdosen, meint, irgendetwas duftet in meinem Zelt nach Essen und patscht mit seinen Pranken gegen die Zeltwand – wo ich zufällig direkt neben derselben liege?! Und dann soll ich so cool sein, mich mit Schlafsack nur auf den Bauch zu drehen und mich an Hals und Kopf anfassen? Vielleicht findet der Bär mich lecker und dreht mich zur Untersuchung mal um. Und ich soll so locker sein, mich stur wieder zurück zu drehen damit er mich nicht vernascht?

Der 3. Tag ist noch grauer, noch nasser, noch nebliger, noch windiger als die beiden Tage zuvor. Die meisten von uns verbringen die Zeit in ihren kleinen Zelten. Ich sitze zusammen mit einem jungen Mann meiner Reisegruppe im Küchenzelt, wärme meine Finger an einem Tee und noch einem Tee (bis ich am frühen Abend aufhöre Tee zu trinken, damit ich nachts nicht zur Toilette muss). Wir erzählen uns Geschichten von früheren Reisen irgendwo in der Welt, von Kalifornien bis Japan, von Afrika bis Mexiko. Es macht Spaß sich zu berichten, wie riskant es hier war, wie knapp es dort war, wie viel Glück man gehabt hat, dass etwas klappte, dass Gefahr nicht in Schaden umschlug.

Erstmals nach jahrelangem Reisen in aller Welt frage ich mich, warum ich mich in den kostbaren freien Wochen des Arbeitsjahres überhaupt solchem Nervenkitzel aussetze. Warum mir die Natur nie naturbelassen, natürlich und wild genug sein kann. Warum ich dafür letztlich sogar mein Leben aufs Spiel setze. – Urlaub mit Angst, nur um hinterher die eigene Tapferkeit, es überstanden zu haben, den Daheimgebliebenen zu präsentieren?

Ich stelle mich meiner Angst. Keine Nacht mehr im Zelt – ich verbringe die Nacht auf der Luftmatratze, quer über ein paar Sitze im Bus gelegt. Es ist nicht bequem – und die beiden Russen rauchen obendrein noch eine Zigarette, bevor sie sich auf den vorderen Sitzen zur Ruhe begeben. Draußen werden Bärenwachen gehalten, im zweistündigen Wechsel, die ganze Nacht durch. Ich habe zwar nicht gut geschlafen, aber wenigstens ein Gefühl der Sicherheit gehabt. Kein Bär hat sich unserem Lager genähert.

Naturbewältigung – was ist das?

Wir haben noch eine Übernachtung vor uns, nur noch einen Tag um wenigstens einen der beiden großartigen Vulkane zu besteigen. Ich möchte gern auf den Mutnovski, obschon der Aufstieg etwas schwieriger sein soll als beim Goreli. Aber der Goreli schreckt mich ab. Da habe ich mir gerade die Angst vor dem Bären eingestanden, so dass ich die Warnung vor dem Goreli noch deutlich vor Augen habe und respektiere.

Kay Estler ist von Vulkanen begeistert und hat 2006 eine Reise gebucht, die eine möglichst große Zahl und die schönsten Exemplare der rund 150 Vulkane, Kamtschatkas umfasst, 30 davon aktiv. Sie beschreibt die Schwierigkeiten bei der Besteigung und die Schönheiten der Vulkane, mit denen sie dann belohnt wird.

"Über Geröll gelangen wir zum Sattel zwischen den Bergen. Nach einer kurzen Rast machen wir uns an den steilen Anstieg zum Kraterrand. Und der hat es nochmal in sich. Hier haben sich kleine Rillentäler gebildet, in denen wir versuchen hochzulaufen. Der Untergrund ist so locker und sandig, dass wir immer wieder ein kleines Stück nach unten abrutschen und kleine Steine lostreten. Als wir den Kraterrand erreichen, öffnet sich der Blick in den ersten Krater. In einem grünen See treiben kleine Eisschollen, die vom vergletscherten Rand abbrechen. Dass der ganze Abhang zum See aus Eis besteht, erkennen wir erst auf den zweiten Blick, denn er ist von einer Sand- und Lavaschicht überzogen.

Wir wandern noch etwas weiter auf dem Kraterrand entlang, bis wir schließlich gegen 12.30 Uhr den eigentlichen Gipfel des Gorely erreichen. Zeit für Mittag! Von hier haben wir einen tollen Blick über die Schneefelder ins Tal. Am Horizont ragt der 2.173 m hohe Vilyuchinsky heraus.

Nach der Rast laufen wir noch etwas weiter. Langsam kommt der zweite Krater zum Vorschein. An einer Landspitze ist Schluss. Hier geht es steil den Abhang hinunter. Unten sehen wir einen giftig grünen See. Wir lassen uns erzählen, dass es sich dabei um 10%-ige Schwefelsäure handelt. An kleinen Wölkchen am Rand des Sees erkennen wir, dass die Suppe auch noch ordentlich warm sein muss." (22)

A. Heßberg sagt über den See:

"Tief im Krater des Gorelyj liegt ein türkisblauer See aus kochender Schwefelsäure." (23)

Ich habe gehört, dass jemand am Goreli-Kraterrand abgerutscht ist und sich im Säuresee dann aufgelöst hat. Das muss nicht der Tod werden, den ich einmal erleide.

Weil wir kein besseres Wetter bekommen, fahren wir am vorletzten Tag trotz Nebel, Feuchtigkeit, Wind und Regen los. Auf uns wartet eine Caldera mit zwölf Kilometer Durchmesser, in der Mutnovski und Goreli liegen. Es ist gewiss eindrucksvoll, über einen Rand, der wie ein Wulst um die Caldera liegt, zu fahren, dann eine so große Mulde zu erleben, aus der wiederum mehrere Vulkanberge empor ragen. Ich sehe allerdings gar nichts, weil die Sichtweite durch den Nebel begrenzt ist.

Erwartungsvoll beginne ich den Aufstieg, wundere mich, dass es schon bald recht steil wird, wundere mich auch, dass von den angekündigten Fumarolen des Mutnovski nicht einmal etwas zu riechen ist, aber eigentlich denke ich gar nicht besonders viel. Ich habe Mühe mit dem Aufstieg. Am liebsten möchte ich zurück oder einfach auf einem Stein sitzen bleiben und auf die Rückkehr der anderen warten. Nach Funkkontakt zwischen unserem russischen Reiseführer und seinem jüngeren Bruder wird mir ein Strich durch die Rechnung gemacht. Der Siebzehnjährige nimmt meinen Tagesrucksack, geht in winzigen Schritten extrem langsam vor mir her und schließt mich so gnadenlos immer wieder an die Gruppe an, die allerdings wenige Minuten nach meiner Ankunft weiter gen Gipfel stürmt, ohne dass ich eine richtige Verschnaufpause bekomme. Der Weg ist Stein, Fels, Geröll, mal rollt das Geröll unter meinen Füßen weg, mal stolpere ich über eine Kante. Ich sehe nur noch die Fersen meines Vor-Läufers oder meine eigenen Füße.

Um mich herum ist sowieso nichts mehr zu sehen, die Sichtweite ist fünf bis zehn Meter. Es ist eisig kalt, der Wind peitscht nassen Regen gegen meinen Körper. Meine Brille ist voller Wassertropfen und wenn ich kurz verweile und sie putze, ist sie von meinem heißen Atem beschlagen. Meist sehe ich am Brillenrand vorbei, nur auf meine Füße.

Ich freue mich, als ich oben am Kraterrand ankomme. Ein ganz schmaler ausgetretener Pfad, maximal ein halber Meter, läuft am Rand entlang, rechts und links fällt der Berg tief ab. Wie tief und wohin kann ich nicht sehen. Ich gehe nun schnellen Schrittes, denn es ist ebenerdig. Allerdings ist nach wie vor Geröll da, mal gleite ich nach links weg, mal nach rechts, aber ich falle nicht, stolpere mehr oder weniger auf dem

Pfad vorwärts. Wir gelangen an einen zweiten Kraterrand – ich habe nicht bemerkt, dass der Rand gewechselt hat. Wir bleiben schließlich stehen, halten Mittagspause, warten eine Weile, doch es klart nicht auf. Ich bin völlig durchnässt, der Wind trägt das Seine dazu bei, dass mein durchgeschwitzter Körper nun gut durchgepustet wird. Mit nassen, steif gefrorenen Fingern esse ich einen Power-Riegel, ein Butterbrot, trinke möglichst viel – und schon geht es abwärts.

Weiter unten ist die Sicht besser geworden, wir laufen etwas windgeschützter, ich erfreue mich an einem Schneefeld – mitten im Sommer auf Schnee laufen! – sehe Bergrhododendron. Ich stolpere und falle einmal hin, stoße mein Knie an einer Kante, was ich noch monatelang später spüre. Ein Vergnügen war der Vulkan für mich nicht. Stolz auf mich fühlte ich mich auch nicht, denn ein leichtfüßiger Siebzehnjähriger hatte mich mehr gezogen und geschleppt. Am Abend unterhalten wir uns über den anderen Vulkan, den wir auch gern noch besteigen wollen. Der russische Reiseführer bietet an, dass wir am Abreisetag 4 Stunden Zeit hätten, den Mutnovski doch noch zu erklimmen, dann müssten wir uns allerdings sputen, um rechtzeitig am Abend ins Hotel in Paratunka zu gelangen.

Wie bitte: Mutnovski? Den hatten wir doch grade gemacht. Oh nein, ich erkannte, dass ich morgens nicht richtig zugehört hatte. Ich war mühevoll den Vulkan hinauf geklettert, vor dem ich so viel Angst gehabt hatte, dass ich ihn eigentlich gar nicht besteigen wollte. Vor meinem inneren Auge wanderte ich nochmals auf dem Kraterrand, rutschte nochmals nach links und rechts – nun wissend, dass da unten der Säuresee auf mich gewartet hatte. Ich staunte, was die menschliche Vorstellungskraft an Gefühlen weckt: Bestimmt war es eine reale Angst, dass ich ja wirklich abrutschen kann. Auch der Bär ist wirklich ein Tier, das aggressiv werden kann. Aber meine Vorstellung steigerte die Gefahr.

Nun schlief ich die letzte Nacht wieder im Zelt. Nein, ich schlief nicht. Ich horchte, ob die Bärenwache laut genug redete oder lachte, so dass der Bär sich nicht trauen würde in unser Lager zu kommen. Ich horchte so angestrengt auf menschliche Geräusche, die den Bäre verjagen sollten, dass ich immer müder wurde und einschlief – um kurz danach von einem Geräusch wieder geweckt zu werden – es könnte ja der Bär sein. Also lauschte ich wieder gespannt in die Dunkelheit, ob ich menschliche Laute höre oder ob der Bär da ist und passte gut auf, dass die Bärenwache keine langen Pausen mit Stille einlegte. Wenn mir die Stille zu lang vorkam, hustete ich, um die Bärenwache zu unterstützen.

Angst treibt seltsame Blüten!

Mutnovski

Die 6-Uhr-Bärenwache weckte alle, denn ein Wunder war geschehen: Es gab keinen Nebel, keinen Regen mehr. Zum ersten Mal seit Ankunft sahen wir, wo unser Zeltlager überhaupt lag. Das Tal ist wunderschön, sanfte Hügel auf beiden Seiten des Flusses, graswachsen, mit bunten Tundrablumen. Und über die Hügel hinaus waren Gipfel zu sehen, Gipfel von Vulkanen ringsum, darunter der Viljutschinski mit seinen 2173 Metern Höhe.

Wir hatten große Mühe mit dem Bus aus dem Tal wieder auf die Schotterstraße hoch zu kommen. Der ausgefahrene Weg hatte tiefe Fahrrillen, bis zu einem Meter tief oder hoch. Mehrfach musste der Bus zurückrollen und wieder neu Anlauf auf einem Feld nehmen, das noch nicht so stark ausgefahren war. Der Regen hatte den lehmigen Boden aufgeweicht und rutschig gemacht.

Wir fuhren in die Caldera hinein, dieses Mal erlebte ich, sah ich, was Caldera bedeutet, ein durch Eruption oder Einsturz einer geleerten Magmakammer entstandener Trichter. In der Caldera lag noch viel Schnee; wir mussten einmal aussteigen, damit unser Bus sich leichter einen Berg mit Schnee hinauf quälen konnte, während wir über ein Schneefeld liefen, um am Ende wieder einzusteigen.

Während die Leistungs-Vulkan-Besteiger unter uns den Mutnovski in 4 Stunden schafften, bummelte die Restgruppe zum Wasserfall. Vor ein paar Jahren erst war dort bei einem Ausbruch des Vulkans ein Canyon entstanden, wo Schmelzwasser vom Gletscher 70 Meter tief herab stürzte und unten angekommen wieder unter Schnee und Eis weiter floss. Der Canyon ist steil, zeigt die Schichten von Asche und Gestein in verschiedenen Farben, vielleicht um so dunkler wo die Hitze beim Ausbruch größer gewesen war. Die Töne reichten von einem schwarzen Felsstück, was auf mich wie ein gespenstisches Gesicht wirkte, bis Gelb und Lila.

Der Weg dorthin begann auf Wiesen, auf denen wir uns kleine Blümchen genauer ansahen. Es ging hügelauf und hügelab. Unser Reiseleiter meinte, es würden immer mehr Murmeltiere abgeschossen, just in dem Moment deutete er drei Meter nach links: Dort saß ein Murmeltier. Langsam, ganz langsam näherten wir uns dem posierlichen Tier, schossen Fotos oder guckten einfach nur.
Selbst der Weg über dieses Hochplateau war nicht glatt, mal steil bergauf, mal Geröll, mal Sand, mal Eis und Schnee, ein zu durchquerender Bach, Rinnsale in grüner Wiese. Am Ende ging es steil hinab zum Gletscherwasserbach vor dem Wasserfall. Wieder ein steiler Aufstieg über Kies, wo es manchmal mehr zurück als vorwärts ging. Von dort oben bot sich der Blick auf den gewaltigen Wasserfall.

Auf dem Rückweg bummelten wir noch mehr. Wir konnten uns auf der Wiese in die Sonne legen, Blaubeeren wuchsen uns dort fast in den Mund. Murmeltiere spielten vor uns auf Felsen. Es tat gut nach all den nassen kalten Tagen die Sonne auf der Haut zu spüren.

Die Tücken der Zivilisation

Zurück im Hotel im Paratunka-Tal bekommen wir zwei ganze Häuser als Unterkunft. Wir genießen es alle, unsere Sachen richtig zu trocknen. Abend für Abend im Lager hatte ich versucht, Handschuhe, Regenhose oder Pullover zu trocknen, indem ich die Sachen überzog und mich so dicht wie möglich ans Lagerfeuer stellte. Manchmal musste ich vor Rauch und Qualm husten, aber mir wurde warm und die Kleidung fasste sich trockener an. Erst in Deutschland merkte ich, dass ich mich getäuscht hatte: Die Sachen blieben klamm. Den Geruch von Feuer, Rauch und Qualm behielt ich noch länger, zum Beispiel im Rucksack, den ich nicht in die Waschmaschine stecken konnte.

In Elizovo steigerte sich das Zivilisationsgefühl, weil wir in einem Einkaufszentrum für unsere letzte Wildnistour einkauften. – Ich suche eine Toilette. Ich bin so sehr daran gewöhnt dazu in die Natur hinaus zu gehen, dass mich ein möglicherweise nicht ganz sauberes WC in der Stadt abschreckt. Ich bummele herum, gehe Seitenwege in der Stadt und entdecke ein aus Holz gebautes Hüttchen neben einem Bauzaun. Aus Holzbohlen ist es gezimmert, hat ein Loch in der Mitte im Boden und ist rundum sauber und geruchsfrei. Was den Bauarbeitern gut ist, kann auch für mich nur passend sein. Ich schließe mich ein, kann durch die Ritzen zwischen den Holzbohlen sogar nach draußen sehen und eine frische Brise genießen. Nach erledigtem Geschäft will ich den Riegel wieder auf schieben – und es geht nicht. Panik. Ich ziehe, drücke, schiebe, zerre, der Riegel lässt sich nicht bewegen. Keiner weiß wo ich bin. Wie lange würde das wohl dauern, bis ich entdeckt würde, bis ein Bauarbeiter ein Bedürfnis verspürt? Per Zufall drücke ich bei meinen verzweifelten Befreiungsversuchen auf die Mitte des Riegels. Wer hätte das gedacht: Das ist ein Knopf, der gedrückt eine automatische Entriegelung bewirkt. ... Ich bin wirklich schon zu lange in der Wildnis gewesen, so dass mir Kenntnis von und Vertrauen in Technik schon abhanden gekommen sind!

Zünftig in der Hütte

Nach einer Fahrt durch das trockene Flussbett des Avacha gelangen wir an unsere letzte Wildnis-Station, die schon mehr das Ausmaß einer Alpenhütte hat. Tatsächlich hat hier der World Wildlife Fund 1995 den Nalychevo-Naturpark eröffnet und dafür gesorgt, dass einerseits die Natur geschützt und andererseits Tourismus und Freizeitgestaltung möglich sein sollen.

"Aufgrund der einmaligen Natur, der Artenvielfalt und des internationalen Schutzstatus hat sich der WWF seit der Parkgründung für die Entwicklung eines nachhaltigen und naturverträglichen Öko-Tourismus engagiert. Es entstand in Zusammenarbeit mit der Parkverwaltung ein Besucherzentrum, mehrere kleine Holzhütten für Wanderer und ein Naturmuseum. Tausende von Besuchern genießen die unberührte Natur und die perfekte Infrastruktur zum Wandern, Erholen und Naturerleben." (24)

Wie "Tausende von Besuchern" die Natur unberührt lassen können, ist mir ein Rätsel, zumal in dieser Gegend offensichtlich schon in Sowjetunion-Zeiten Menschen sportlich und wissenschaftlich aktiv gewesen sind.

An den drei Tagen unseres Aufenthaltes erleben wir mehrfach, dass eine Busladung Japanerinnen und Japaner ankommt. Etwa eine Stunde lang laufen sie in der Gruppe auf dem Hochplateau auf einem winzigen Stück Boden, fotografieren und lauschen Erklärungen dazu. Zumindest trampeln diese Menschengruppen der Reihe nach immer wieder das gleiche Gelände platt, in der Nähe der Hütte, doch die Tundra-Pflanzen scheinen äußerst resistent und kräftig zu sein: Ich kann anschließend keine Menschenspuren auf den Wiesen finden.

Im Internet entdecke ich Unternehmen wie "Kamtschatka Trekking – Adventure Awaits" (25), die im Winter aus "Zeitökonomie" eine Anreise mit Schneemobilen anbieten. Es ist eine Vielzahl von Anbietern, die in die "unberührte" Natur des Nalychevo-Parks eindringen.

Wir sind jedenfalls trocken, warm und sicher untergebracht, haben Holz-Klohäuschen mit Blick auf die Avacha-Bucht (wenn sie denn aus dem Nebel auftaucht), fließend Wasser aus einem Tank (wo wir bei dünnem Strahl unsere Zähne im Freien putzen können) und eine richtige Küche mit Gasherd und Feuerholzofen, der auch den nebenan liegenden Aufenthaltsraum wärmt. So genießen wir viel Hüttenromantik – wir trocknen die Zelte, als sich der Himmel einmal lichtet, reparieren das vom Bären zerrissene Küchenzelt, verbringen lange alkohol-getränkte Nächte und widmen uns Gesang und Tanz zu Gitarrenmusik.

Weil die Berge immer wieder in Nebelschwaden oder Wolken untertauchen, sind Wanderungen nur möglich mit guter Führung, GPS oder mit genügend Mut. Eine kleine Gruppe bewältigt tatsächlich den Gipfel des Avachinsky.

Die Touristin und Vulkan-begeisterte Kay Estler hat die Besteigung erlebt:

"Am nächsten Morgen heißt es früh aufzustehen. Bei wolkenlosem Himmel und Sonnenschein machen wir uns kurz vor 8 Uhr auf den Weg zum Gipfel.

Zunächst geht es nur langsam aber stetig bergan. Anatoli, unser russischer Guide, legt ein ordentliches Tempo vor. Beim Lunch auf 2.000 m Höhe macht uns ein eisiger Wind zu schaffen und wir suchen Schutz zwischen den Felsen. Der Gipfel ist aber immer noch nicht zum Greifen nah. Über Schneefelder kommen wir zum steilen Teil der Veranstaltung. Der Vulkankegel weist hier 30° Steigung auf. Über sandigen und rutschigen Untergrund quälen wir uns den kaum erkennbaren, serpentinenartigen Weg nach oben. Ich habe das Gefühl, bei zwei Schritten immer wieder einen nach unten abzurutschen. Als wir schließlich das Seil erblicken, das zur Unterstützung des letzten steilen Abschnitts angebracht ist, wissen wir, dass wir es gleich geschafft haben.

Der Anblick, der sich uns jetzt bietet, ist atemberaubend. Umrandet von rötlichen und gelben Wällen scheint sich eine schwarze, blumenkohlartige Lavamasse ihren Weg zu suchen. Bei unserem Rundgang entlang des Kraterrands kommen wir an vielen Fumarolen vorbei. Nach etwa 100 m stoppt eine Spalte die Fortsetzung unseres Weges, aus der eine starke Rauchwolke aufsteigt. Am hinteren Rand des Kraters können wir erkennen, dass sich die Lava auf dieser Seite langsam über den Kraterrand hinausschiebt.

Schweren Herzens treten wir gegen 15 Uhr den Abstieg an. Und der hat es noch einmal in sich. Zwar kann man auf dem sandigen Untergrund zunächst ganz gut nach unten rutschen, aber die Knie fangen doch langsam an zu schmerzen. Dazu kommt noch, dass meine Wanderschuhe wohl doch noch nicht so gut eingelaufen sind. Unter Zuhilfenahme der Wanderstöcke erreiche ich ziemlich ausgelaugt gegen 17.30 Uhr das Camp. Blasen an Fußballen und -sohle sind das Ergebnis." (26)

Von den Schwierigkeiten der Besteigung berichtete auch unsere Gruppe, nur hatte sie nicht so viel Glück mit dem Wetter. Nur für einen kurzen Moment war es ihnen vergönnt, vom Gipfel aus einen Blick auf die Naturpracht zu bekommen.

Der 2741 m hohe Avachinsky ist ein Sommavulkan. Das bedeutet, sein Kegel wächst aus den Resten eines noch größeren älteren Vulkans heraus. Er ist aktiv und brach zuletzt 2001 aus.

Mir genügte an dem Tag eine ausgiebige Wanderung zu Viert, in gemächlichem Tempo, langsam bergan auf ca. 1600 Meter (von 850 m im Basislager). Wir hatten alle Zeit der Welt um den kontinuierlichen Wetterwechsel von Nebel, Wolken, Niesel und wenig Sonne wahr zu nehmen. Wir bestaunten die Panoramen von schwarzen Lavabergen mit weiß-schwarzen Schneefeldresten, Hügeln, den Gipfeln von Avachinsky und Korjakskij und dem grün bewachsenen Hochplateau. Direkt an unserer Hütte gab es handzahme Ziesel und auch einen ebenso wenig scheuen Rotfuchs. Auf der Wanderung konnten wir uns vorsichtig an Wild-Ziesel heran- schleichen um sie aus der Nähe zu betrachten. Mit großer Achtsamkeit näherten wir uns auch einem Murmeltier bis auf vier Meter. Ein seltener asiatischer Vogel mit einem schön gemusterten rosanen Bauch flog nur allzu schnell wieder von dannen.

Für alle Pflanzen hatten wir Muße, pflückten Blaubeeren und noch nicht richtig reife Preiselbeeren, spuckten die nicht sehr schmackhaften Krähenbeeren wieder aus. Für jede Blume nahmen wir uns Zeit, um ihr Überlebensgeschick in dieser kargen Landschaft zu bewundern.

Mich beeindruckte die winzige seismologische Station, die wir auf dem Wege sahen. Sie ist nur ein etwa einen Quadratmeter großer blauer Kasten, aber enthält alle Messgeräte, um das Innere der Vulkane in der Umgebung im Blick zu behalten. Die Daten werden fortlaufend an wissenschaftliche Institute bis in die USA hinein weiter geleitet um Vorhersagen über eventuelle Gefahren zu machen.

Ich finde diese kleine Station wieder beim U.S. Geological Survey Earthquake Hazards Program (27) mit den Angaben

"NLC Nalychevo: Längengrad 53.1711, Breitengrad 159.3450, Erhebung 20, verbunden mit dem Netzwerk: NETWORK: KRSC GSRAS, Kamchatka Regional Seismological Center, Petropawlowsk, Lage: Kamchatskaya Oblast', Russia, eröffnet 1984".

Diese Station ist eine von fünfundvierzig insgesamt in der Region Kamtschatka.
Auf dieser Internet-Seite kann ich sowohl Karte mit Ortung als auch Liste mit näheren Informationen über die aktuellen Erdbeben jederzeit einsehen.
Wie das zuguterletzt dann für die hiesige Bevölkerung auch von Nutzen sein kann, ist damit allerdings nicht geklärt. So existierte zum Beispiel bis 1952 an der Flussmündung des Nalychevo (der Naturpark ist nach ihm Nalychevo-Naturpark benannt) ein Itelmenendorf, das durch einen Tsunami zerstört und nicht wieder aufgebaut wurde. Bei einem erneuten Ausbruch des Avachinsky ist durchaus damit zu rechnen, dass der nur ca. 30 km entfernt Ort Petropawlowsk in Gefahr ist.

Wie Sport im nachsowjetischen Russland ins Schwimmen geraten ist

In der Nähe unserer Hütten ist ein ehemaliges sowjetisches Trainingslager für olympische Wintersportler. Die Unterkünfte wirken verfallen, werden aber auch in nachsowjetischer Zeit noch für das Training von Hochleistungssportlern genutzt. Wenn ich diese spartanischen Verhältnisse sehe, wundert mich die Leistung sowjetischer Sportler um so mehr, die ich in der Vergangenheit des Kalten Krieges bei internationalen Wettkämpfen beobachten konnte.

Das Internet-Nachschlagewerk Wikipedia urteilt heute noch, dass die sowjetische Olympia-Mannschaft bis zur Auflösung der Sowjetunion 1991 die erfolgreichste Nationalmannschaft war, die je an den Olympischen Spielen teil genommen hat. (28)

SportlerInnen aus der Sowjetunion stellten im Vergleich zur Bevölkerung eine überproportionale Zahl von Europa- oder Weltrekorden in verschiedenen Sportarten. Der Hauptgrund dafür lag an der systematischen Förderung durch die Regierung und dem frühen Beginn mit langem und intensivem Training von Kindern, die Begabungen zeigten. Dabei ging es darum, internationale Anerkennung zu finden, zu beweisen, dass das kommunistische System besser als das System des Klassenfeinds USA war. Dieser gewünschte Beweis wurde tatsächlich erbracht:

Von 1952 (Winterspiele ab 1956) bis 1988 hat die Sowjetunion an den Olympischen Spielen teil genommen und insgesamt 1204 Gold-, Silber- und Bronzemedaillen gewonnen, davon 194 in den Winterspielen. In der Zeit hat die UdSSR bei den olympischen Winterspielen stets den ersten Platz eingenommen beim Erwerb der meisten Medaillen, mit zwei Ausnahmen: Einmal hatte Norwegen eine Medaille mehr (Grenoble 1968), einmal war die DDR Nummer Eins und die Sowjetunion Nummer Zwei (Lake Placid 1980). Die USA konnten nur einmal die zweite Stelle hinter der Sowjetunion einnehmen, als die Spiele 1960 in Squaw Valley zu Hause in ihrem Lande statt fanden.

Das wieder vereinigte Deutschland verdrängte 1992 in Albertville die noch unter dem Namen "Sowjetunion" teil nehmende Mannschaft um eine Medaille von Platz Eins auf Platz Zwei. Deutschland blieb an erster Stelle (bis auf 1994, als die Norweger im eigenen Land den Sieg davon trugen). Russland blieb unter den ersten Drei bis es

2002 auf einen Platz abgedrängt wurde, den bis zu dem Zeitpunkt meistens die USA inne gehabt hatten.

Ich kann mich an meine Kindheit und auch später erinnern, wie wichtig es für uns war, während der Olympischen Spiele täglich den Medaillenspiegel zu begutachten. Es war uns ein Rätsel, dass die kommunistischen Länder so gut abschnitten, wo sie doch tagtäglich in den Medien so schlecht gemacht wurden. Zugleich schürten die Erfolge der sowjetischen Mannschaft bei den Olympischen Spielen aber auch alle antikommunistischen Ängste, denn wer so gut in körperlicher Ertüchtigung ist, könnte in einem Krieg gewisslich auch den Sieg davon tragen. So blieb ich befangen in Vorbehalten gegenüber einem System und einem Land, bevor ich es selber bereisen konnte und mit eigenen Augen sehen durfte.

Als Erklärung für die Siege der Sowjetunion wurde uns damals geboten, dass schon früh in der Schule und in kommunistischen Kinder- und Jugendverbänden die Besten selektiert und dann "getrimmt" wurden, vergleichbar sei das mit der Hitlerjugend. Als ich als Studentin Ende der 70er Jahre Gelegenheit hatte, den Pionierpalast in Moskau zu besuchen, spürte ich von erzwungenem Drill wenig. Ein etwa Zehnjähriger erklärte mir begeistert in hervorragendem Deutsch (in seiner Freizeit im Pionierpalast erlernt), welche Freizeitmöglichkeiten Kinder dort hatten, von Sport bis zu wissenschaftlichen Übungen. Solche Einrichtungen gab es bis ins letzte kleine Dorf in der ganzen Sowjetunion. – Dagegen machten sich alle Schul- und Freizeitangebote im Westen, in meiner Heimat in Deutschland kläglich aus: Ich kannte bis in meine Jugendzeit hinein im Dorf und in der nahen Kreisstadt weder eine Bibliothek noch ein Schwimmbad. Unser Sportplatz im Dorf war bei Regen mit Wassertümpeln übersät, die Tore waren morsche Holzpfosten. Klavierspielen, Reiten oder Tennis waren – gegen Entgelt – einer reicheren Schicht in der Stadt vorbehalten. Die Angebote für junge Menschen in der Sowjetunion waren kostenlos und auch in entlegenen Gebieten allen zugänglich. Als das kommunistische System zusammenbrach, kollabierte zu einem sehr großen Teil auch die Versorgung junger Menschen mit sinnvollen Freizeitbetätigungen. – Mir fallen wieder die jungen Menschen in Kozyrevsk ein, die bis tief in die Nacht auf der Straße herum hängen – der neue Staat sieht sich nicht mehr in der Verantwortung für ihre körperliche, geistige und psychische Entwicklung. – (Spitzen)Sport ist nun auch in Russland darauf angewiesen, dass private Investitionen gemacht werden.

Wie viel Ehrgeiz (der gewöhnlich kommunistischer Mentalität und kommunistischen Menschen abgesprochen wird), wie viel Anstrengungsbereitschaft, wie viel Ausdauer hinter diesen sportlichen Leistungen jedes einzelnen Sportlers, jeder einzelnen

Sportlerin steckte, kann ich mir nur in meiner Phantasie ausmalen, wenn ich zugleich die eher primitiv wirkenden Trainingseinrichtungen in Nalychevo ansehe.

Dass allerdings Russland heute keine führende Rolle beim Sportwettkampf einnimmt, lässt sich ebenso aus dieser Trainingsstätte ablesen: Sie wird nicht mehr (staatlich) gefördert, zerfällt und kann Spitzenanforderungen nicht mehr Stand halten. In Moskau (und sicher nicht nur dort) wurde mit vielen Millionen Rubel ein großes Volks-Schwimmbad abgerissen, um an gleicher Stelle eine orthodoxe Kirche mit goldener Kuppel wieder zu errichten, wie sie vor der Russischen Revolution dort einmal gestanden hatte. Volkssport und Leistungssport ist im nachsowjetischen Russland ins Schwimmen geraten.

GPS in der Wildnis

Von unserer Hütte aus dürfen und können wir auch alleine los laufen ohne uns zu verlaufen – wenn Wolken oder Nebel uns die Sicht nicht verhängen. Noch besser kann es derjenige unter uns, der ein GPS-Gerät dabei hat. Derjenige zeichnet jeden Schritt auf, den wir tun, kann uns jeder Zeit die Höhe über dem Meeresspiegel sagen, die zurück gelegte Gesamtkilometerzahl, unsere durchschnittliche Wander-Geschwindigkeit.

Das Beste daran ist, dass er, wenn er sich verlaufen sollte, mit Hilfe dieses Gerätes den Weg zurück findet, einfach den Aufzeichnungen zurück folgt. Nach der Reise hat er seine Fotos genauestens geortet und kann mit Google Earth seine Reise in Bildern auf der Karte verfolgen.

Was uns ein nützliches Instrument beim Wandern im wegelosen Gelände ist, war einst im Kalten Krieg für Spionage gedacht. Beide, USA und UdSSR hatten Angst, dass der Gegner stärker sein könnte, dass man neue oder mehr Waffen nicht "mit bekam", dass man eine Stationierung von Atomwaffen vor der eigenen Haustür nicht bemerkte.

Seit der Entwicklung der Atombombe 1945 in den USA, 1949 in der Sowjetunion (und ab 1952 auch in Großbritannien und anderen Ländern) war es kurz nach der Erfindung anfangs nötig die Bombe mit einem Flugzeug vor Ort zu bringen und abzuwerfen, wollte man sie im Krieg einsetzen.

Deshalb war es für die USA und die westliche Welt der größte Schock im Kalten Krieg, als es der Sowjetunion gelang, einen winzig kleinen Erdsatelliten ins Weltall zu schießen: der Sputnikschock 1957. Eine Rakete feuerte den Sputnik ins All – eine Rakete könnte also ebenso schnell atomar bestückt in den USA landen. Und vom All aus ließ sich noch besser spionieren als mit jedem besten live-Spion oder Spionageflugzeug.

In aller Eile bemühten sich auch die Vereinigten Staaten schnellstens ins Weltall zu kommen, um dann als erste auf dem Mond zu landen. Das Prestige war gerettet. – Wichtiger waren aber die Nebenprodukte der Weltallforschung, die in Wirklichkeit keine "Neben"produkte waren, sondern ebenfalls hohe militärische Bedeutung hatten. Es genügt ja nicht, eine Rakete zu haben, die über weite Entfernung eine Atombombe ins gegnerische Land befördern kann – die Rakete muss auch treffsicher genau im beabsichtigten Ziel landen, z.B. in der Schaltzentrale der Armee.

GLONASS ist ein Satellitennavigationssystem, das vom Verteidigungsministerium der Russischen Föderation betrieben wird. Die Sowjetunion begann 1972 dieses Navigationssystem zu entwickeln. Die USA beschlossen 1973 das GPS System zu entwickeln. Eigentlich heißt es NAVSTAR (Navigation Sytem for Timing and Ranging), ist aber nur bekannt unter Global Positioning System.

Es war das US-amerikanische Verteidigungsministerium, das sich das GPS-System ausdachte, es umsetzte und betreibt. Ca. 30 Satelliten umkreisen die Erde in etwa 20.000 km Höhe. Sie senden Signale aus, die für den GPS-Empfänger eine genaue Ortsbestimmung ermöglichen. Dieser Service wird heute jedem auf oder in der Nähe der Erde kostenlos zur Verfügung gestellt – man muss nur einen GPS-Empfänger besitzen. Was zunächst zum Kriegsinstrumentarium des Kalten Krieges ersonnen wurde, dient heute jedem Menschen auf der Welt zur Orientierung. (29)

1980 verwenden die Vereinigten Staaten das GPS-System zum ersten Mal zur Erkennung von Atomexplosionen, nachdem 1963 zwischen den USA und der Sowjetunion ausgehandelt worden war, keine Atomtests mehr überirdisch, unter Wasser oder im Weltraum durchzuführen.

Der Vorteil des GPS-Systems ist, dass für Spionage keine Grenzüberschreitung mehr nötig ist und man dennoch die gewünschten Informationen bekommt. Spionage war während des Kalten Krieges eigentliche eine Dreistigkeit: Mit einem Flugzeug wurde in ein fremdes Staatsgebiet eingedrungen. Das ist ein kriegerischer Akt. Jederzeit hätte der ausspionierte Gegner das zu Recht als Aggression verstehen können und daraufhin "zurück" schlagen können, d.h. einen Krieg beginnen können. Es hat zahlreiche Abschüsse von Spionageflugzeugen über der Sowjetunion gegeben, auch irrtümlich getroffene Verkehrsmaschinen (wie eine koreanische 1983). Oft stand die Welt nur sehr knapp vor einem Atomkrieg, in der Kubakrise z.Bsp. verstärkt durch Spionageflüge der USA über Kuba. Mit GPS ist Spionage nun möglich ohne die territoriale Integrität eines anderen Staates zu verletzen.

Touristen profitieren jedenfalls vom eigenen GPS-Gerät, denn, wie ein Artikel in der Süddeutschen Zeitung von 2008 darlegt, werden auch heute noch falsche Landkarten in Umlauf gebracht. Es gebe Staaten, die nach wie vor der modernen Technik zu trotzen versuchen, indem sie gefälschte Landkarten heraus geben oder die Satelitenbilder in Google Earth kontrollieren wollen. Auf diese Weise möchten sie vermeiden, dass ihre militärischen Anlagen gefunden und fotografiert werden können. Doch GPS ermöglicht hochauflösende Bilder von den best-versteckten Militäranlagen. Die einzigen, die

Schaden davon tragen, sind Touristen, die mit solchen Landkarten die Natur erkunden wollen und sich verlaufen. (30)

Wir haben keine Karten in Kamtschatka. Die für Tourismus hergestellte und zu kaufende Karte ist nicht zum Wandern geeignet. So nützt uns ein GPS-System durchaus, damit wir uns im wegelosen Gelände nicht verirren können. Nur unsere einheimischen Führer kennen die Gegend so gut, dass sie auch bei Nebel den sicheren Weg zurück finden.

Avachabucht

Unsere letzten beiden Tage sind wir wieder in Petropawlowsk. Waren wir bei der Ankunft schockiert, was für ein "Provinznest" und wie verfallen die größte Stadt Kamtschatkas ist, so finden wir es bei der Rückkehr grell vor Werbung, dicht an Verkehr und voller Konsumgüter jeder Art: von Büchern über Kamtschatka, über geräucherten Lachs bis hin zu Produkten aus aller Welt. Es gießt in Strömen, als wir einen Einkaufsbummel machen wollen, wir huschen nur von einem Laden zum nächsten, werden trotzdem nass und wärmen uns in irgendeinem Cafe, das erst wenig westliche Eleganz aufweist, eher einen sozialistischen Kantinencharme ausstrahlt.

Mit einem modernen Motorboot fahren wir hinaus in die Avachabucht, um die Felsnadeln "Drei Brüder", steile Klippen und eine Vielzahl von Vögeln wie Möwen, Seeschwalben und Alken zu sehen. Überraschenderweise bekommen wir Gelegenheit ein Walross zu beobachten und als Krönung der Tour sehen wir auf einem hohen Gipfel der steilen Küste einen Seeadler.

Die Avachabucht ist ein natürlicher Hafen, der den Forschern vergangener Zeiten ein wichtiger Versorgungsstützpunkt war. Von dort aus wurde los gefahren, um über den nördlichen Pazifik bis nach Alaska vorzustoßen. Petropawlowsk blieb ein kleiner unbedeutender Ort mit ein paar Hundert Einwohnern, bis das Land kommunistisch wurde. 1924 wurde die Stadt Hauptsitz des Gouverneurs von Kamtschatka , die ersten Steinhäuser wurden gebaut. Nach dem 2. Weltkrieg wurde die Halbinsel Kamtschatka zur geschlossenen militärischen Sperrzone erklärt. Hohe Löhne und andere Vergünstigungen lockten Arbeitskräfte aus Westrussland eine Zeit lang in den fernen Osten. Sie blieben aber nicht alle oder nicht lange. 1990 gab es rund 300 000 Einwohner – und als die Förderung von Arbeit im fernen Osten endete, sank die Einwohnerzahl bis heute; jetzt sind es noch 200 000.

Es gibt kaum Industrie (bis auf eine Schiffswerft), der Tourismus ist erst in den Anfängen begriffen. Weil Kamtschatka militärisches Sperrgebiet war, hat sich aber der wertvollste Schatz für die Menschen hier unzerstört erhalten: die Natur. Staatliche Förderung der (Grund)versorgung ist nun völlig entfallen, daher leben die Menschen in Petropawlowsk (wie in den anderen Orten, die wir gesehen haben) vor allem von selbst Angebautem: In kleinen Gärten am Haus in der Stadt oder außerhalb ziehen sie Gemüse, Getreide und halten Kleinvieh für Eier und Milchprodukte.

Von der Bedeutung Kamtschatkas für die militärische Stärke der Sowjetunion und heute Russlands können wir zwar nichts sehen und schon gar nicht besichtigen, aber wir wissen darum: Eine der Buchten in Avacha birgt die russische Pazifikflotte, ist eine Basis für U-Boote.

Klaus Scherer, lange ARD-Korrespondent für den Fernen Osten, versuchte auf seiner Reise von Sibirien nach Japan hartnäckig, die U-Boot-Basis zu besichtigen, ein Interview mit dem Kommandanten zu bekommen und dort zu filmen. Er hatte damit keinen Erfolg, weil kein russischer Vertreter des Militärs bereit war, einem westlichen Journalisten alle Anlagen Preis zu geben. – Seit 2007 ist Klaus Scherer als ARD-Korrespondent in den USA. Ich frage mich, ob er bei den US-Militärbehörden auf offenere Ohren gestoßen ist und jetzt dabei ist, der Welt demnächst einen Einblick in die Geheimnisse der US-Marine zu bieten. (31)

Wer mehr über die Marine-Basis bei Petropawlowsk wissen möchte, wird vermutlich besser bedient, wenn er sich an die USA wendet. Eine Internet-Seite, eingerichtet von einer Mannschaft, die in den 1960er Jahren eine Zeit lang auf der Shemya Air Force Base auf den Aleuten stationiert war, gibt jedem Interessierten Aufschluss über die geheimen Einsichten der USA in die militärischen Anlagen auf Kamtschatka, inklusive neuester hervorragend klarer Satellitenaufnahmen. Shemya heißt heute Eareckson Air Station und ist mit 850 km Entfernung noch immer die nächste US-Militärstation an Russland. Wie die Nähe der USA und der Sowjetunion in vergangenen Zeiten aussah, erklären Mannschaftsmitglieder von damals heute in märchenhaftem Ton:

"Es waren einmal zwei ganz besondere Flugzeuge, die lebten weit weit weg auf einer winzigen Insel in der Beringsee. Das eine hieß Rivet Ball, das andere hatte den Namen Rivet Amber. Nur ganz wenig Leute wussten überhaupt etwas über diese beiden Flugzeuge oder über die Männer, die mit ihnen flogen. Selbst Familienangehörige wussten sehr wenig. So kommt es, dass die Mission ABSOLUT GEHEIM war.

Die Sowjets wollten natürlich gern alles über diese beiden Flugzeuge und das was sie machten wissen. Sie mochten sie überhaupt nicht ... kein bisschen. Die Flug-Mannschaften liebten ihre Flugzeuge und das was sie mit ihnen machten. Sie lebten jede Minute davon ... und das bis zum heutigen Tag. Die Geschichte, die ich euch erzählen werde, führt ganz weit zurück in die Sechziger, als die Vereinigten Staaten und die Sowjetunion in einen "Kalten Krieg" verstrickt waren, einen MAD Kampf."
MAD heißt Mutual Assured Destruction – Zerstörung, bei der von der gegenseitigen Zerstörung auszugehen ist; mad bedeutet auch verrückt, wahnsinnig. (32)

Nachdrückliche Eindrücke vom Kalten Krieg

Wer diese Seite heute liest, bekommt einen kleinen Eindruck davon, dass sich zwischen Kamtschatka und Alaska wohl nicht nur ein Mal Ereignisse abgespielt haben, die einen 3. Weltkrieg hätten auslösen können. Spionageflüge waren die Aufgabe der damaligen Shemya-Basis. Es wird von einem Flugzeug berichtet, das auf der eigenen Landebahn zerschellte – über dessen Wrack 6 Stunden später zwei Flugzeuge aus Petropawlowsk kreisen.

Mit Stolz wird fest gestellt, dass Shemya seinen Zweck (Spionage) erfüllte und die sowjetischen Kapazitäten an Interkontinentalraketen ermittelte: Die sowjetische SS 9 konnte eine 25 Megatonnen-Atombombe direkt vor die Haustür in den USA schießen, weshalb sie von den USA City Buster genannt wurde. Die SS 9 wurde später von SS 18, genannt Satan abgelöst, die mit 10 Atomköpfen die US-ICBM's zerschlagen konnte. Bei den darauf folgenden SS 20 reagierte die NATO mit dem bekannten NATO-Doppelbeschluss von 1979.

Von Shemya aus wurde Kamtschatka ausspioniert. Jeder Flug war damals ein Eindringen in die territoriale Integrität der Sowjetunion und mit jedem Flug wurde ein Krieg riskiert. Das Hauptinteresse der Shemya-Basis lag 935 km entfernt: in Kljuchi, Kamtschatka. – Wir kampierten im toten Wald etwa 150 km km entfernt von der Kura Test Range. Von 1955 an (in Betrieb ab 1957) war es ein Testgelände für Interkontinentalraketen, wie der US-amerikanische Geheimdienst CIA sehr wohl wusste. (33)

Im Oktober 1957 schoss die Sowjetunion Sputnik I ins Weltall, ab 1957 nimmt die

Kura Test Range ihre Arbeit auf und genau im Jahr 1958 nahm die US-Luftwaffe ihre Operationen in Shemya auf, zusätzlich zu den schon voran gegangenen Aktivitäten von Luftwaffe und Geheimdienst, um die Sowjetunion besser auszuspionieren. (34)

Mit großer Begeisterung an militärischen Aktivitäten berichtet die ehemalige Mannschaft von Shemya auch über Kamtschatka und Klyuchi. Wieder spricht sie in blumiger Sprache von einer entlegenen und geheimnisvollen Welt gar nicht so weit weg von Shemya, die sich Kamtschatka nenne. Kamtschatka diente demnach in der Zeit des Kalten Krieges als Zielgebiet für Interkontinentalraketen , die von Plesetsk, Kapustin und Tyuratam / Baikonur abgeschossen wurden. Die Shemya-Mannschaft hatte es sich zur Aufgabe gemacht, wenn die Raketen aus der Atmosphäre traten und im Klyuchi-Testgebiet landen wollten, genau davor oder in der Mitte dazwischen zu sein mit dem Flugzeug Rivet Ball und alles und jedes zu registrieren.

Die Shemya-Mannschaft weiß auch, wofür Kamtschatka berühmt ist, nämlich Vulkane, U-Boote, Spionage und den Abschuss der KAL-007. Kamtschatka war Testgebiet Nummer Eins für die sowjetischen ISBMs und im Sommer hätten die Sowjets ISBMs Richtung Pazifik abgeschossen um die Zielgenauigkeit der Langstreckenraketen zu testen. Das habe die Shemya-Mannschaft besonders gern gesehen, weil sie dann ihren Auftrag von der Luftwaffen-Basis Hickham auf Hawaii und von Johnston Island aus durchführen konnten. (35)

Es wurden offensichtlich von Kljuchi aus Raketen in den Pazifik geschossen, aber die Sowjetunion hatte Dank ihrer enormen Größe auch die Möglichkeit innerhalb des eigenen Landes die Reichweite und zugleich Treffsicherheit zu testen: Das zentrale Atomtestgelände der Sowjetunion lag in Kasachstan (in der Nähe von Semipalatinsk). Von dort wurden Interkontinentalraketen nach Kamtschatka geschossen. Nach Zusammenbruch der UdSSR hat die kasachische Regierung das Testgelände geschlossen. – In Kljuchi aber gibt es laut Wikipedia noch immer Raketen-Tests, so am 18. September 2008, als eine Bulava-Rakete vom Polarmeer in Westrussland nach Kura abgeschossen wurde. Vorher, am 29. Mai 2007 war es eine RS-24 von Plesetsk aus. (36)

Plesetsk liegt südlich von Archangelsk am Polarmeer und wurde ebenfalls 1957 in Betrieb genommen, um Raketen abzuschießen. Schon Ende der 50er hatte der CIA den Verdacht, dass es diese geheim gehaltene Abschussmöglichkeit gab, ein britischer Professor und seine Studenten wiesen es 1966 nach, die Sowjetunion gab es 1983 zu.

Ich und Kamtschatka

Meine Reise endet in Petropawlowsk, wo das Abenteuer in die Wildnis auch begonnen hatte.
Vor meiner Reise informierte ich mich über Natur und Klima, Vulkane und Bären. Ich wusste, dass Kamtschatka militärisches Sperrgebiet gewesen war. Gerade deshalb fand ich es so reizvoll, die noch weitgehend unberührte Natur kennen zu lernen, bevor Massen von Touristen dort einfallen könnten.

Während meiner Reise erahnte ich in meiner Auseinandersetzung mit dieser wilden Natur eine Verbundenheit mit der Geschichte Sibiriens, den russischen Zwangsarbeitern und den deutschen Kriegsgefangenen, die die russische Natur existenziell zu spüren bekommen hatten.

Aber es war erst nach meiner Reise, dass ich erfuhr, wie sehr meine biografische Geschichte mit der Kamtschatkas verknüpft ist: Ich war als Kind dieses Kalten Krieges groß geworden, war ihm als Kind ausgeliefert gewesen. Ich hatte mich als Jugendliche an der Gegnerschaft von UdSSR und USA orientiert, eigene Positionen dazu entwickelt und die schlimmsten Auswüchse lautstark bekämpft. Der Kalte Krieg war zugleich meine Chance gewesen, als Mädchen vom Lande zur "höheren" Schule gehen zu dürfen, denn Schulgeldfreiheit, Orientierungsstufen, Gesamtschulen – all das gab es erst, als der Westen merkte, dass die Sowjetunion drohte, mit Bildung zum überlegenen System zu werden. Seit dem Sputnik-Schock wurde auch im Westen in allen Bildungsreserven, unter Kindern vom Lande, unter Arbeiterkindern, unter Mädchen, gesucht um mitzuhalten und den Vorsprung wett zu machen. Für mich war es die persönliche Chance, einen Beruf zu ergreifen, der mir sowohl viele Wochen Ferien als auch das Gehalt bescherte, um mir eine solche Reise leisten zu können.

In Kamtschatka fand ich mich wieder – mitten in einem der Brennpunkte eben dieses Kalten Krieges. Meine Glückskleeblätter aus Papas Kriegszeiten halfen mir auf meinem Bildungsweg, meine selbst gefundenen Glückskleeblätter am Anfang meiner Reise begleiteten mich zum glücklichen Ende der Fahrt in Kamtschatka.

Anmerkungen

Alle Internetseiten wurden am 20.10.2012 zuletzt eingesehen.

(1) Otte, Hans Jürgen, Erinnerungen eines Kampffliegers an Krieg und Gefangenschaft 1940-1947, Bremen 2005, S. 77

(2) Otte, Hans Jürgen, Erinnerungen eines Kampffliegers an Krieg und Gefangenschaft 1940-1947, Bremen 2005, S. 95 – 97

(3) Overmans, Rüdiger, Deutsche Kriegsgefangene des zweiten Weltkriegs, Berlin 2000, S. 89/90

(4) Otte, Hans Jürgen, Erinnerungen eines Kampffliegers an Krieg und Gefangenschaft 1940-1947, Bremen 2005, S. 82/83

(5) Otte, Hans Jürgen, Erinnerungen eines Kampffliegers an Krieg und Gefangenschaft 1940-1947, Bremen 2005,, S. 83

(6) Klaus Scherer, Von Sibirien nach Japan, Reinbek 2007

(7) Klaus Scherer, Von Sibirien nach Japan, Reinbek 2007

(8) http://www.prosibiria.de/?newmenid=.0.1039.1050

(9) Andreas von Heßberg, Kamtschatka entdecken, Berlin 2006, S. 191

(10) Ullrich Wannhoff, Der weite Weg nach Fernost, Dresden 2008, S. 69/70

(11) http://www.prosibiria.de/?newmenid=.0.1039.1046

(12) Klaus Scherer, Von Sibirien nach Japan, Reinbek 2007

(13) Klaus Scherer, Von Sibirien nach Japan, Reinbek 2007

(14) Ich bin mit allen Leistungen von Schulz aktiv reisen, Dresden, sehr zufrieden gewesen.

(15) Russland, Informationen zur politischen Bildung, 4, 2003 Heft 281, S. 7

(16) http://de.wikipedia.org/wiki/Russland - Neuere Zahlen sind im CIA Factbook zu finden.

(17) http://www.n-tv.de/1046293.html - 31.10.2008

(18) http://wsws.org/de/2004/sep2004/puti-s28.shtml

(19) Andreas von Heßberg, Kamtschatka entdecken, Berlin 2006, S. 178

(20) http://www.bild.de/BILD/news/vermischtes/2008/07/24/baerenrudel-zerfleischt/zwei-russen.html#

(21) Andreas von Heßberg, Kamtschatka entdecken, Berlin 2006, S. 162

(22) http://www.kayestler.de/Kamtschatka/kamtschatka.html

(23) Andreas von Heßberg, Kamtschatka entdecken, Berlin 2006, S. 180

(24) Andreas von Heßberg, Kamtschatka entdecken, Berlin 2006, S. 175

(25) http://www.kamchatkatraveling.com

(26) http://www.kayestler.de/Kamtschatka/kamtschatka.html

(27) http://seisan.ird.nc/USGS/mirror/neic.usgs.gov/neis/station_book/N_BOOK.html

(28) http://de.wikipedia.org/wiki/Olympische_Geschichte_der_Sowjetunion

(29) http://www.kowoma.de/gps/Geschichte.htm

(30) http://www.sueddeutsche.de/wissen/293/451009/text/

(31) Klaus Scherer, Von Sibirien nach Japan, Reinbek 2007

(32) http://community-2.webtv.net/@HH!B2!E8!1FD8DDA69D60/KingdonAviation/RivetBallAmberShemya/

(33) http://en.wikipedia.org/wiki/Kura_Test_Range

(34) http://www.globalsecurity.org/space/facility/shemya.htm

(35) http://community-2.webtv.net/@HH!3F!1B!0F007B987787/KingdonPhotography/SovietICBM/

(36) http://en.wikipedia.org/wiki/Kura_Test_Range